A DECLARAÇÃO DOS DIREITOS DO HOMEM E DO CIDADÃO

COLEÇÃO CLÁSSICOS DO DIREITO
GEORG JELLINEK

A DECLARAÇÃO DOS DIREITOS DO HOMEM E DO CIDADÃO

Contribuição para a História do Direito Constitucional Moderno

VOLUME 2

Organização, estudo introdutório e tradução de Emerson Garcia

SÃO PAULO
EDITORA ATLAS S.A. – 2015

© 2015 by Editora Atlas S.A.

Capa: Leonardo Hermano
Composição: Entexto

Dados Internacionais de Catalogação na Publicação (CIP)
(Câmara Brasileira do Livro, SP, Brasil)

Jellinek, Georg, 1851-1911.

A declaração dos direitos do homem e do cidadão: contribuição para a história do direito constitucional moderno / Georg Jellinek; organização, estudo introdutório e tradução de Emerson Garcia. – São Paulo: Atlas, 2015. – (Coleção clássicos do direito; v. 2.)

Título original:
(Die Erklärung der Menschen und Bürgerrechte.
Bibliografia.
ISBN 978-85-224-9963-2
ISBN 978-85-224-9964-9 (PDF)

1. Direitos humanos 2. Estados Unidos – História constitucional 3. França – História constitucional I. Garcia, Emerson.
II. Título. III. Série.

15-02632
CDU-342.7

Índice para catálogo sistemático:
1. Direitos do homem e do cidadão: Direito constitucional
342.7

TODOS OS DIREITOS RESERVADOS – É proibida a reprodução total ou parcial, de qualquer forma ou por qualquer meio. A violação dos direitos de autor (Lei nº 9.610/98) é crime estabelecido pelo artigo 184 do Código Penal.

Depósito legal na Biblioteca Nacional conforme Lei nº 10.994, de 14 de dezembro de 2004.

Impresso no Brasil/Printed in Brazil

Editora Atlas S.A.
Rua Conselheiro Nébias, 1384
Campos Elísios
01203 904 São Paulo SP
011 3357 9144
atlas.com.br

Tradução da versão francesa, intitulada *La Déclaration des Droits de L'Homme et du Citoyen. Contribution a L'Histoire du Droit Constitutionnel Moderne*, da lavra de Georges Fardis, devidamente revista pelo autor, Georg Jellinek, publicada em Paris, por Albert Fontemoing Editeur, em 1902.

Sumário

Explicação inicial, 9

Declarações de direitos: origem e evolução (estudo introdutório), 15

Nota biográfica, 27

A DECLARAÇÃO DOS DIREITOS DO HOMEM E DO CIDADÃO. CONTRIBUIÇÃO PARA A HISTÓRIA DO DIREITO CONSTITUCIONAL MODERNO, 29

Prefácio, 31

I - A Declaração francesa dos Direitos do Homem e do Cidadão de 26 de agosto de 1789 – seu alcance, 33

II - O contrato social de Rousseau não é a fonte da Declaração francesa, 39

8 A DECLARAÇÃO DOS DIREITOS DO HOMEM E DO CIDADÃO · JELLINEK

III - A Declaração francesa se inspirou no "Bill of
Rights" (Declarações de Direitos) das colônias da
América do Norte, 43

IV - As Declarações da Virgínia e dos outros Estados da
América do Norte, 51

V - Comparação entre a Declaração francesa e as
Declarações americanas, 55

VI - Contraste entre as Declarações americanas e
inglesas, 63

VII - A liberdade religiosa nas colônias anglo-
-americanas – sua principal consequência: a ideia
de consagrar legislativamente os direitos gerais do
homem, 75

VIII - Formação, durante a Revolução Americana, do
Sistema dos Direitos do Homem e do Cidadão, 89

IX - Os direitos do homem e a concepção germânica do
direito, 99

Anexo – Declaração dos Direitos do Homem e do
Cidadão de 1789, 107

EXPLICAÇÃO INICIAL

O modo como a pessoa humana tem sido vista e inserida no ambiente sociopolítico, bem como a natureza das relações mantidas com as estruturas estatais de poder, têm passado por inúmeras vicissitudes no evolver da humanidade. Essas vicissitudes, de um modo geral, estão relacionadas à fundamentação do poder estatal e da esfera jurídica da pessoa humana, daí decorrendo uma contínua tensão dialética entre esses fatores.

A fundamentação, tanto do poder estatal como da esfera individual, tem sido direcionada por concepções naturalísticas, positivistas ou pós-positivistas, que, com igual fervor, ora buscam justificar a preeminência do poder, ora da pessoa humana. Nos regimes monárquicos da Idade Média, o poder do soberano encontrava sustentação em um alicerce teológico, tendo origem divina e incontrastável. Essa concepção, de viés naturalista, foi combatida por outra, de natureza similar, que também se apegava a um alicerce metafísico de sustentação, vale dizer, à existência de direitos individuais inatos, indissociáveis da própria essência humana. Os efeitos de uma e outra construção são bem distintos: no primeiro caso, o soberano realiza meras concessões ao povo; no segundo, o povo possui direitos inatos, que são apenas declarados, não atribuídos.

A ambivalência de cada concepção teórica tem sido a tônica. De qualquer modo, observa-se que a preeminência, historicamente, sempre foi atribuída ao poder estatal, que tem ao seu lado a força e, por via reflexa, a capacidade de impor os seus desígnios. O objetivo a ser alcançado, sempre e sempre, é o de estabelecer um ponto de equilíbrio entre o exercício do poder e a satisfação dos interesses afetos à pessoa humana. O poder é meio, não fim. A pessoa humana, concebida em sua dimensão coletiva, titulariza o poder, que é funcionalmente vocacionado a servi-la.

Em um dos períodos mais efervescentes dessa tensão dialética entre poder estatal e pessoa humana, surgiu a Declaração dos Direitos do Homem e do Cidadão de 1789. A concisão de ideias e a plasticidade de suas disposições contribuíram, com grande intensidade, para a difusão dos direitos humanos no continente europeu, o que lhe rendeu uma posição de merecido destaque no âmbito das realizações humanas. Além disso, não foram poucos os que alardearam a sua originalidade e indicaram, como o seu fundamento de justificação, as ideias defendidas por Rousseau no célebre *Contrato Social*.

A verdadeira origem e o exato fundamento existencial das máximas encampadas pela Declaração francesa foram alvo do aguçado espírito científico de Georg Jellinek, em sua obra *Die Erklärung der Menschen und Bürgerrechte*, publicada originalmente em 1895 e que foi vertida, logo no limiar do século XX, para o francês e o inglês, sendo ambas as versões revistas pelo célebre autor alemão.

Jellinek realizou detalhada análise histórico-comparativa com o objetivo de demonstrar que as máximas da Declaração francesa, longe de serem marcadas pelo traço da originalidade, têm origem no pensamento anglo-saxão, mais especificamente no *Bill of Rights* editado por diversos Estados independentes da América do Norte, outrora colônias inglesas. Não realiza meras conjecturas, mas efetiva comparação textual, permitindo seja definitivamente resgatada a origem de institutos que perduram até os nossos dias, formando a própria base do constitucionalismo contemporâneo. Nessa análise comparativa, não se pode deixar de observar o lugar de destaque ocupado pelo *Bill of Rights* da Virgínia, de 12 de junho de 1776, que antecedeu em mais de uma década a Declaração francesa. Ali estão contemplados inúmeros direitos que direcionaram, inclusive, a elaboração do *Bill of Rights* dos Estados Unidos da América, conjunto de dez Emendas, publicado em 1791, que consagra os direitos mais basilares dos cidadãos norte-americanos.

Outro aspecto de singular importância é o de que os direitos reconhecidos nas declarações norte-americanas tiveram origem não propriamente política, mas essencialmente religiosa, fruto da liberdade de consciência que começava a germinar à época da Reforma. A liberdade de consciência caracterizava a individualidade do ser humano, e essa individualidade era o alicerce de sustentação dos direitos inatos que foram reconhecidos durante as Revoluções franco-americanas.

Também merece destaque o fato de os direitos inseridos no *Bill of Rights* norte-americano já estarem incorporados ao cotidiano das antigas colônias, sendo reconhecidos mes-

12 A DECLARAÇÃO DOS DIREITOS DO HOMEM E DO CIDADÃO • JELLINEK

mo pela Coroa inglesa. Esses direitos, preexistentes, é importante frisar, foram efetivamente declarados, não constituídos. Já em terras francesas, o *Ancien Régime* era marcado pelo absolutismo monárquico, em que somente a nobreza e o clero possuíam direitos, não a burguesia e muito menos o povo. Nesse cenário, a Declaração de 1789 postulava a outorga de direitos até então inexistentes, sendo fácil deduzir a dificuldade de pô-los em prática na efervescência dos anos que se seguiram.

A obra de Jellinek é uma importante fonte de consulta para a compreensão dos direitos fundamentais sob uma perspectiva histórica, merecendo ser conhecida por todos que se interessem pela temática, estudantes ou operadores do direito. Especificamente em relação à tradução, utilizamos a versão em francês como paradigma de análise, tendo vertido para o português tão somente os textos nesse idioma. A única exceção a essa diretriz é o Capítulo V, que trata da comparação entre a Declaração francesa e as Declarações norte-americanas. Nesse capítulo, para que o acesso ao conteúdo não fosse comprometido, também vertemos para o português os textos em língua inglesa, já que a referência ao *Bill of Rights* norte-americano foi textual.

Emerson Garcia

Pós-Doutorando, Doutor e Mestre em Ciências Jurídico-Políticas pela Universidade de Lisboa. Especialista em *Education Law and Policy* pela European Association for Education Law and Policy (Antuérpia – Bélgica) e em Ciências Políticas e Internacionais pela Universidade de Lisboa. Membro do Ministério Público do Estado do Rio de Janeiro,

Consultor Jurídico da Procuradoria-Geral de Justiça e Diretor da *Revista de Direito*. Consultor Jurídico da Associação Nacional dos Membros do Ministério Público (CONAMP).

Membro da American Society of International Law e da International Association of Prosecutors (Haia – Holanda).

DECLARAÇÕES DE DIREITOS: ORIGEM E EVOLUÇÃO

Emerson Garcia

A revolução franco-americana, que germinou em finais do século XVIII e conferiu ares de universalidade às conquistas pontuais sedimentadas sob a égide do direito inglês, ofereceu um sólido alicerce axiológico para o reconhecimento e o desenvolvimento dos direitos fundamentais.[1] Embora seja evidente que a preocupação com os direitos da pessoa humana se confunde com a própria história da humanidade, refletindo uma luta permanente pela sua *progressiva consciência e afirmação*,[2] as contribuições inglesa, norte-americana e francesa apresentam evidente ascendência sobre as demais.

O pensamento inglês, de contornos liberais e estrutura consuetudinária, foi o responsável pelo tracejar das primeiras estruturas jurídicas de proteção individual. Esse processo principiou com a *Magna Charta* de 1215, o mais célebre dos textos clássicos, que estruturou dois princí-

---

[1] Cf. BADURA, Peter. *Staatsrecht, Systematische Erläuterung des Grundgesetzes*. 3ª ed. München: Verlag C. H. Beck, 2003, p. 87.

[2] OTERO, Paulo. *Instituições políticas e constitucionais*, v. I. Coimbra: Edições Almedina, 2007, p. 7.

16 A DECLARAÇÃO DOS DIREITOS DO HOMEM E DO CIDADÃO · JELLINEK

pios essenciais ao direito anglo-saxônico: a representação é uma condição da taxação e a lei é a mesma para todos os homens livres. O primeiro deles, aliás, precipitou o movimento de independência das colônias norte-americanas. No século XVII, a transformação das relações mantidas entre a pessoa humana e o poder alcançou o seu apogeu. A *Petition of Rights* de 1628, editada sob a inspiração de Sir Edward Coke, da Câmara dos Comuns, dispôs que "o homem livre somente pode ser preso ou detido pela lei da terra, ou pelo devido processo legal, e não pela ordem especial do Rei sem qualquer acusação". O *Habeas Corpus Act* de 1679, no entanto, restringiu a utilização desse relevante instrumento àqueles que tinham sua liberdade de locomoção cerceada sob a acusação da prática de crime. Posteriormente, o *Habeas Corpus Act* de 1816 conferiu ao instituto o contorno atual, admitindo a sua utilização em qualquer caso de restrição à liberdade de locomoção, ainda que o cerceamento não estivesse relacionado à imputação de um crime. O *Bill of Rights and Claim of Rights* de 1689 (cujo título oficial era *"An Act declaring the Rights and Liberties of the Subject and Settling the Succession of the Crowe"*) reconheceu, como direitos individuais, a liberdade pessoal, a propriedade privada e a segurança pessoal (dez, de seus treze artigos, continham pretensões de direitos em relação ao Rei e afirmações de direitos do Parlamento). O *Act of Settlement* de 1701 garantiu a independência dos juízes, colocando-os acima da vontade livre da Coroa. Com a sua edição, os juízes deixaram de ser demissíveis *ad libitum* do Rei, sendo-lhes assegurado o exercício das funções enquanto bem servissem (*"quamdiu se bene gesserint"*), fórmula repetida pelo art. III, seção I, da Constituição norte-americana e que apresentou vital importância na garantia dos direitos individuais. A peculiaridade das declarações inglesas reside no seu epicentro estrutural: são finalisticamente voltadas ao estabelecimento de deveres para o Poder Público, não propriamente, salvo raras exceções, ao reconhecimento de direitos da pessoa frente ao Estado.[3]

As conquistas inglesas se espraiaram pelas colônias americanas, ali se instalaram e ali foram aperfeiçoadas. A Declaração de Independência dos Estados Unidos da América, de 4 de julho de 1776, endossou as ideias de Locke e reconheceu não só a existência do direito à revolução, tornando independentes do Império Britânico as colônias da Nova Inglaterra, como também apregoou a existência de direitos individuais (*"these truth to be self-evident, that all men are created equal, that they are endowed by their Creator with certain unalienable Rights, that among these are Life, Liberty and the pursuit of Happiness. That to secure these rights, Governments are instituted among Men"*). Em momento anterior à Declaração de Independência, mais especificamente em 12 de junho de 1776, foi adotado, pela Convenção Geral de delegados e representantes dos sete *counties*[4] e corporações da Virgínia, o texto que passou a ser conhecido como Declaração de Direitos da Virgínia. Por sua plasticidade e amplitude, merece ser lembrado o art. 1º dessa Declaração: *"all men are by nature equally free and independent and have certain inherent rights, of which, when they enter into a state of society, they cannot, by any compact, deprive or divest their posterity; namely, the enjoy-*

---

[3] Cf. JELLINEK, Georg. *La Déclaration des Droits de L'Homme et du Citoyen*. Trad. de FARDES, G. Paris: Albert Fontemaing Editeur, 1902, p. 45-59.

[4] *Counties* eram vilas com administração própria e certos direitos de autogoverno que, na Inglaterra, podiam enviar representantes ao Parlamento.

18 A DECLARAÇÃO DOS DIREITOS DO HOMEM E DO CIDADÃO · JELLINEK

ment of life and liberty, with the means of acquiring and possessing property, and pursuing and obtaining happiness and safety".[5]

Apesar de ser constante a referência ao *Virginia Bill of Rights*, com o que se busca traçar um paralelo com o *Bill of Rights* britânico de 1689, observa Horst Dippel (2007, p. 5-7 e 197-198) que os textos tiveram uma origem substancialmente distinta, o que torna a comparação incorreta: enquanto o último foi publicado pelos *Lords*, espirituais e temporais, e pelos *Commons*, com o objetivo de reclamar e reforçar os seus antigos direitos e liberdades, tendo legitimidade duvidosa, o primeiro fazia referência a princípios universais e a ideias abstratas, sendo adotado em nome do povo, numa convenção plena e livre, isso sem olvidar a utilização de uma linguagem absolutamente nova e arrojada. Lê-se, no preâmbulo da *"Declaração"*, terminologia jamais adotada até então: *"[u]ma declaração de direitos feita pelos representantes do povo da Virgínia, reunido numa convenção livre e plena; direitos esses que lhes pertencem, bem como à sua posteridade, enquanto base e fundamento do governo"*. Os direitos pertenciam ao povo e à sua descendência, não à própria convenção, isso em oposição a outras instituições. A Declaração, ademais, deixava claro que os direitos que reconhecia eram *"inerentes à natureza humana"* (Seção 1) e que *"todo o poder pertence ao povo e, consequentemente, todo o poder deriva do povo"* (Seção 2). A ideia de *"reconhecimento"*, como ressaltado por Zagrebelsky,[6] evidencia que os direitos inseridos em uma *"Declaração"*, longe de serem parte integrante

---

5 Cf. COGAN, Neil H. *The Complete Bill of Rights*. Oxford: Oxford University Press, 1997, p. 13 e ss.

6 ZAGREBELSKY, Gustavo. *Il diritto mite*. Torino: Einaudi, 1992 (12. reimp. de 2010), p. 64.

do direito positivo, constituindo novas situações jurídicas, são mera exteriorização da verdade de uma filosofia política, facilitando a sua transposição da teoria para a prática.

Ressalte-se que a Declaração de Direitos da Virgínia não foi o primeiro documento constitucional da Revolução norte-americana. Ela foi precedida pela Declaração de New Hampshire, de 5 de janeiro de 1776, e pela Constituição da Carolina do Sul, de 26 de março de 1776, que empregavam uma linguagem em muito semelhante à do *Bill of Rights* britânico. A singularidade do documento da Virgínia, como anota Dippel,[7] residia não na enumeração dos direitos, mas no rompimento do arquétipo dos documentos políticos tradicionais, tendo proclamado os critérios que se tornaram constitutivos do constitucionalismo moderno, como a sindicabilidade e responsabilidade dos atos do governo; o direito de *"reformar, alterar ou abolir"* a Declaração; a separação dos poderes; e o *"julgamento por um júri imparcial"*. Na sequência da independência, foram editadas inúmeras outras declarações de direitos no âmbito de cada um dos novos Estados. As mais importantes, dentre todas, isso por terem influenciado diretamente o denominado *Bill of Rights* de 1791 (conjunto de dez emendas constitucionais que delineou os direitos fundamentais do povo americano), foram as de *Virginia, North Caroline, Maryland e Delaware*, todas de 1776. A não incorporação do conteúdo do *Bill of Rights* à Constituição de 1787 encontra justificativa nas dificuldades enfrentadas para a aprovação do texto, daí a estratégia de transferir a discussão para momento posterior. O texto

---

[7] DIPPEL, Horst. *História do constitucionalismo moderno*. Novas Perspectivas. Trad. de HESPANHA, António Manuel e DA SILVA, Cristina Nogueira. Lisboa: Fundação Calouste Gulbenkian, 2007, p. 9.

20 A DECLARAÇÃO DOS DIREITOS DO HOMEM E DO CIDADÃO • JELLINEK

constitucional continha várias cláusulas de proteção aos direitos individuais: garantias no julgamento do processo de *impeachment* – art. 1º, Seção 3, Cláusula 7; o *habeas corpus* – art. 1º, Seção 9, Cláusula 2; a proibição de leis *ex post facto* – art. 1º, Seção 9, Cláusula 3; a proibição de aceitação de títulos, de Estados estrangeiros, por parte dos agentes públicos, sem aceitação do Congresso – art. 1º, Seção 9, Cláusula 8; o julgamento de todos os crimes por um júri – art. 3º, Seção 2, Cláusula 3; nenhuma pessoa pode ser condenada por traição sem prova testemunhal ou confissão – art. 3º, Seção 3; as punições por traição não podem passar para a descendência[8] – art. 3º, Seção 3, Cláusula 2.

---

[8] O reconhecimento da individualidade de cada ser humano impede que seus erros produzam reflexos na esfera jurídica alheia, mesmo em relação aos seus sucessores, legais ou testamentários. Apesar disso, na antiguidade prevalecia o entendimento de que uma cidade deveria perecer em decorrência dos ilícitos praticados pelas gerações anteriores ou que os descendentes deveriam ser apenados pelos ilícitos praticados por seus ascendentes. De acordo com Plutarco, que viveu entre 45 e 120 da Era Cristã, *"Niseu e Apolocrates, Antípatros e Filipe, e também todos os outros filhos de homens maus, tinham neles a parte principal de seus pais, que subsistia em seu ser nem tranquila nem inativa, mas eles viviam dela, governavam e pensavam graças a ela. E não há nada de terrível nem de extraordinário que, vindo de seus pais, os filhos sofram o destino de seus pais"* (*Sobre a tagarelice e outros textos*. São Paulo: Landy Editora, 2008, p. 78-79). No mesmo sentido, Aristóteles, discorrendo sobre os sacrilégios praticados durante os sacrifícios sagrados, afirmou que, *"[a]ssim que se reconheceu o sacrilégio, os seus autores foram retirados dos túmulos e os familiares deles viram-se condenados a exílio perpétuo"* (*Constituição dos atenienses*. Trad. de LEÃO, Delfim Ferreira. Lisboa: Fundação Calouste Gulbenkian, 2003, p. 21). Lia-se, nas Escrituras Sagradas (Deuteronômio, 24.16; 2ª Reis, 14.6; 2ª Crônicas, 25.4; e Ezequiel, 18.20), que *"[o]s pais não serão mortos em lugar dos filhos, nem os filhos em lugar dos pais, cada qual será morto pelo seu pecado"*. Esse comando coexistia com a reprovação, constante do Êxodo (20:5), àqueles que adoram imagens, isso ao dispor que *"Eu sou o Senhor, teu Deus, um Deus zeloso que vingo a iniquidade dos pais nos filhos, nos netos e nos*

Hamilton[9] ainda defendia a inexistência de um *Bill of Rights* na Constituição de 1787 sob o argumento de que, em sua origem, eram estipulações entre o rei e seus súditos, não se ajustando a Constituições fundadas no poder do povo. Em suas palavras: *"in strictness, the people surrender nothing; and as they retain every thing, they have no need of particular reservations"*. Ainda segundo ele, a fórmula *"Nós, o povo dos Estados Unidos, [...] estabelecemos esta Constituição"* reconhece de modo mais intenso os direitos populares que *"volumes desses aforismos"*, que soariam melhor em um *"tratado de ética"* que na *"Constituição de um governo"*. Além disso, a previsão expressa dos direitos, reconhecendo a sua inviolabilidade, importaria no reconhecimento, implícito, de que o Estado tem o poder de negar a sua existência, o que ofereceria aos mal-intencionados um pretexto bem plausível para reivindicar o exercício desse poder. Prevaleceu, por fim, o entendimento de que esses direitos, ainda que inerentes ao titular do poder, o povo, devem ser claramente delimitados e lembrados aos poderes constituídos, de modo a indicar o norte de suas ações.

Em terras francesas, o pensamento revolucionário, conduzido pela burguesia, ofereceu a célebre Declaração

---

bisnetos, daqueles que me odeiam." Em Jeremias (31: 29-32), por sua vez, antecipava-se a nova aliança. Com isso, *"não se dirá mais: 'Os pais comeram uvas verdes, e prejudicados ficaram os dentes dos filhos', mas cada qual morrerá em razão do próprio pecado e, se alguém comer uvas verdes, serão atingidos os próprios dentes"*. Jesus Cristo, que expiou os pecados da humanidade, sacramentou a nova aliança (1ª Coríntios, 11: 25). A humanidade tornou-se herdeira de Cristo, recebendo sua graça, não o pecado dos pais, independentemente de suas obras. Lê-se em Romanos (8: 17): *"E, se filhos, também herdeiros, herdeiros de Deus e co-herdeiros de Cristo, contanto que soframos com ele, para que também com ele sejamos glorificados."*

[9]   *The Federalist* nº 84.

22 A DECLARAÇÃO DOS DIREITOS DO HOMEM E DO CIDADÃO · JELLINEK

dos Direitos do Homem e do Cidadão de 1789. Os direitos básicos (inatos) de todo homem seriam a liberdade, a propriedade, a segurança e a resistência à opressão, que coexistiriam com o direito de participação política, este último próprio do cidadão. Daí se falar em direitos do *homem* e do *cidadão*. O poder público, em qualquer caso, sempre emanaria do povo, com o que se rompeu com dogmas assentados em bases teológicas e se contribuiu para a distinção entre Poder Constituinte e Poder Constituído.[10] Essa Declaração, harmônica com as concepções políticas e filosóficas da época, delineia uma concepção extremamente individualista da sociedade, assegurando a coexistência dos homens com o máximo de independência possível e impondo limites ao exercício do poder estatal.[11] O seu grande reconhecimento, tanto na França como no exterior, pode ser atribuído às suas características de abstração, universalidade e intemporariedade,[12] isso sem olvidar a plasticidade do texto e a concisão de ideias, permitindo a fácil transposição e consequente adaptação a realidades distintas. Não obstante os limites semânticos do seu título, a Declaração não permanece adstrita à indicação dos direitos e das liber-

---

[10] O poder constituinte antecede e estabelece a Constituição formal, fonte das estruturas estatais de poder e de suas respectivas competências, que nada mais são que poderes constituídos. O poder constituinte está fora do Estado, traçando os seus aspectos estruturais ao dar origem à respectiva Constituição. Já o poder constituído está dentro do Estado, não podendo transpor os limites estabelecidos pela ordem constitucional. Cf. BURDEAU. *Traité de Science Politique. Le Statut du Pouvoir dans l'Etat*, t. III. Paris: L.G.D.J., 1950, p. 173.

[11] Cf. HAMON, Francis; TROPER, Michel; BURDEAU, George. *Manuel de droit constitutionnel*. 27. ed. Paris: L.G.D.J, 2001, p. 304.

[12] Cf. PACTET, Pierre. *Institutions politiques, Droit constitutionnel*. 14. ed. Paris: Masson, 1995, p. 124.

dades individuais. Num texto extremamente sintético e de acentuado rigor formal, estão previstos (I) os contornos gerais da organização do poder político, como é o caso da soberania nacional (arts. 3º e 6º), da necessidade de uma força pública (art. 12) a ser custeada pelos cidadãos (art. 13), da aceitação dos tributos pela população (art. 14), da responsabilidade dos agentes públicos (art. 15), da lei como expressão da vontade geral (art. 16), da separação dos poderes (art. 16); e (II) os direitos do homem e do cidadão. Nos incisivos termos de seu art. 16, *"o Estado que não garantia os direitos individuais nem a separação dos poderes não tinha Constituição"*. Declarações dessa natureza passaram a acompanhar inúmeras Constituições francesas.[13]

As declarações de direitos, em seus primórdios, eram oferecidas em textos autônomos. Posteriormente, o seu conteúdo passou a integrar o preâmbulo das Constituições (*v.g.*: as Constituições francesas de 1946 e 1958); e, num plano mais avançado, foram utilizadas como capítulo específico do próprio texto constitucional. No momento em que foram integradas às Constituições, cessaram quaisquer dúvidas quanto ao seu valor jurídico e à sua força normativa. O constitucionalismo brasileiro, no entanto, apesar de vislumbrar, logo na Constituição de 1824 (art. 179), *"a mais copiosa e liberal das declarações de direitos"*, isso para utilizarmos as palavras de Rui Barbosa,[14] ressentia-se de um

---

[13] Sobre o seu valor jurídico, vide o estudo introdutório que elaboramos à clássica obra do Abade Sieyès [Exposição Refletida dos Direitos do Homem e do Cidadão (*Préliminaire de La Constitution. Reconnaissance et Exposition Raisonnée des Droits de L'Homme et du Citoyen*). Trad. de GARCIA, Emerson. São Paulo: Atlas, 2015].

[14] *Commentarios à Constituição Federal Brasileira.* Colligidos e ordenados por Homero Pires, v. V, Dos Estados, Do Município, Dos Cidadãos Bra-

24 A DECLARAÇÃO DOS DIREITOS DO HOMEM E DO CIDADÃO • JELLINEK

terrível mal, que também acometia as Constituições monárquicas da época: *"não dotava esses direitos de um escudo, não commettia a proteção delles aos tribunaes"*, mal que somente veio a ser superado com a Constituição de 1891, que revelou um nítido comprometimento das estruturas estatais de poder com os direitos fundamentais: a Seção II do Título IV de nossa primeira Constituição republicana era intitulada *"Declaração de Direitos"*. Carlos Maximiliano,[15] do mesmo modo, afirmava que a *"garantia de direitos"* daria melhor ideia dos objetivos almejados que a *"declaração de direitos"*, por muitos interpretada como mero tracejar de postulados filosóficos.

A Constituição de 1988 ainda inaugura um marco de indiscutível singularidade nessa evolução, pois, diversamente de suas antecessoras, disciplina os *"direitos e garantias fundamentais"* em seu Título II, logo após a enunciação dos princípios fundamentais: a pessoa humana passa, assim, a anteceder a organização do Estado. Esse rol não exaure os direitos fundamentais, havendo inúmeros outros direitos espalhados pelo texto constitucional (*v.g.*: as garantias tributárias), isso sem olvidar a cláusula aberta do art. 5º, § 2º: *"Os direitos e garantias expressos nesta Constituição não excluem outros decorrentes do regime e dos princípios por ela adotados, ou dos tratados internacionais em que a República Federativa do Brasil seja parte."* Vale lembrar que sistemática similar fora adotada pela Constituição portuguesa de 1911, fruto da Revolução de 5 de outubro de 1911, que impusera a

---

sileiros, Declaração de direitos (princípio). São Paulo: Saraiva & Cia., 1934, p. 175.

[15] *Commentarios à Constituição Brasileira*. Rio de Janeiro: Jachinto Ribeiro dos Santos Editor, 1918, p. 689.

derrocada da monarquia. O seu Título II era denominado *"dos direitos e garantias individuais"*, principiando pelo art. 3º, que garantia a portugueses e também a estrangeiros *"a inviolabilidade dos direitos concernentes à liberdade, à segurança individual e à propriedade"*.

Nas declarações de direitos, em que a influência do pensamento liberal era especialmente intensa, os esforços se concentravam na garantia da liberdade, impondo um *non facere* à atuação estatal. Resguardava-se, assim, uma esfera jurídica imune a intervenções exógenas (*v.g.*: o direito de ir e vir); ordenava-se a interação e a participação dos indivíduos na sociedade (*v.g.*: o direito de voto e o direito à participação política); e instituíam-se mecanismos de proteção (*v.g.*: o *habeas corpus*). Rui Barbosa,[16] antevendo o alvorecer do *Welfare State*, proclamava que *"a inflexão individualista dessas cartas, imortais, mas não imutáveis"* em algo deveria ceder *"ao sopro da socialização, que agita o mundo"*. Somente com a evolução da humanidade é que os direitos sociais, como o *"direito à subsistência"* contemplado no art. 113 da Constituição brasileira de 1934, passaram a receber maior atenção: meramente formal no início, já que sua efetividade era condicionada à total vontade política do Poder Público; com evidente força transformadora a partir do momento em que passaram a ser associados aos direitos da personalidade ou à dignidade humana (*v.g.*: o direito ao fornecimento de medicamentos essenciais à preservação da vida).

É factível que proclamação de direitos não guarda similitude com respeito e observância de direitos. Ocupam

---

[16] *Teoria política*. Seleção, coordenação e despacho de Homero Pires. São Paulo: W. M. Jackson Inc. Editores, 1964, p. 37.

planos distintos e, conquanto sucessivos, operativamente diversos. O primeiro contenta-se com a retórica, o segundo exige a ação, que, não raro, transmuda-se em lamentável indiferença. Esse quadro pode derivar não só da ausência de políticas públicas voltadas à implementação dos direitos fundamentais, como, principalmente, da inexistência de instrumentos hábeis que possibilitem seja exigida a sua observância pelos poderes constituídos, empecilho este que, pouco a pouco, tem sido atenuado nas democracias contemporâneas.

A crise de efetividade, que tem assumido proporções bem elevadas em relação aos direitos sociais, que carecem, quase que integralmente, de um atuar comissivo por parte do Estado, também alcança as liberdades clássicas, normalmente associadas a uma abstenção do Estado, mas que não dispensam, sob certos aspectos, um atuar positivo (*v.g.*: com a edição das leis necessárias à sua disciplina, a criação de condições que viabilizem o seu surgimento etc.).

O grande desafio do mundo contemporâneo, em especial nos Estados de modernidade tardia, é eliminar, tanto quanto possível, o enorme hiato que separa a semântica da pragmática, de modo que o direito contemplado seja, igualmente, o direito realizado.

NOTA BIOGRÁFICA

Georg Jellinek, filho do rabino Adolf Jellinek e de Rosalie Bettelheim, nasceu em Leipzig, na Alemanha, em 16 de junho de 1851. Jovem talentoso, formou-se pela Universidade de Viena e teve destacada atuação no magistério superior. Foi professor em sua Universidade de origem e nas de Basileia e Heidelberg. Obteve, em 1872, o título de Doutor com a dissertação *Die Weltanschauungen Leibnitz und Schopenhauer's* (A visão de mundo de Leibnitz e Schopenhauer).

Em sua produção científica, destacam-se os estudos sobre filosofia do direito e ciência política. Merecem referência as obras *Die Socialethische Bedeutung von Recht, Unrecht und Strafe* (*O conceito ético-social de Direito, o ilícito e a pena*), de 1878; *Die rechtliche Natur der Staastsverträge* (*A natureza jurídica dos Tratados*), de 1880; *Gesetz und Verordnung* (*Lei e Regulamento*), de 1887; *System der Subjektiven öffentlichen Rechte* (*Sistema dos direitos públicos subjetivos*), de 1892; *Die Erklärung der Menschen und Bürgerrechte* (*Declaração dos Direitos do Homem e do Cidadão*), de 1895; e sua insuperável *Allgemeine Staatslehre* (*Teoria Geral do Estado*), de 1900. Não fosse o autor prematuramente colhido pela morte, esta úl-

28 A DECLARAÇÃO DOS DIREITOS DO HOMEM E DO CIDADÃO · JELLINEK

tima obra ainda contaria com uma segunda parte, intitulada *Besondere Staatslehre (Teoria Especial do Estado)*, que trataria do monarca, do parlamento, do ministério, dos serviços públicos, das comunidades e das funções do Estado. Isso sem contar os inúmeros estudos inéditos reunidos por seu filho, Walter Jellinek, após sua morte, em *Ausgewählte Schriften und Reden von Georg Jellinek*, de 1911.

Realizou profundas reflexões em torno da ética, mais especificamente do direito enquanto mínimo ético, que a sociedade necessita em cada momento de sua existência para continuar existindo, e dos valores da vida humana. Quanto ao Estado e ao direito, observou que o seu conteúdo decorre da evolução histórico-social, de modo que o seu papel criador, em certa medida, é social e involuntário. Integrou, juntamente com Hans Kelsen e Ungar Felix Somlo, o grupo austríaco dos positivistas jurídicos. Também desempenhou as funções de Juiz de Direito.

Jellinek faleceu em Heidelberg, em 12 de janeiro de 1911.

A Declaração dos Direitos do Homem e do Cidadão. Contribuição para a História do Direito Constitucional Moderno

Georg Jellinek

PREFÁCIO

Este estudo foi escrito por ocasião da elaboração de uma obra que há tempos nos ocupa. Procede de uma visão de conjunto, em que nosso mais vivo desejo é vê-la penetrar nos espíritos. Para elucidar as ideias que formam a base das instituições modernas, não basta recorrer à história da literatura e estudar a evolução dos conceitos jurídicos. É preciso, acima de tudo, procurar a origem na história das próprias instituições, que se desenvolvem e se modificam como se desenvolvem e modificam a civilização e o meio social.

Heidelberg, 23 de junho de 1895.

O autor

I

A DECLARAÇÃO FRANCESA DOS DIREITOS DO HOMEM E DO CIDADÃO DE 26 DE AGOSTO DE 1789 – SEU ALCANCE

A Declaração dos Direitos do Homem e do Cidadão, de 26 de agosto de 1789, constitui um dos eventos mais importantes da Revolução Francesa. Ela recebeu, de diferentes lados, as críticas mais veementes. Os historiadores e os homens de Estado a discutiram a fundo, e frequentemente são levados à conclusão de que ela em muito contribuiu para criar o estado de anarquia no qual a França caiu após a queda da Bastilha. Eles se empenharam em demonstrar que suas fórmulas abstratas eram ambíguas e, em consequência, perigosas; que elas não obedeceriam à realidade política, mas, sim, denotariam uma inexperiência absoluta com as coisas públicas; sua ênfase oca teria desviado os espíritos, turbado a calma dos julgamentos, inflamado as paixões e feito calar todo sentimento de dever – em dever ela sequer pensou.[1] Outros, ao contrário, sobretudo os franceses, a têm celebrado como uma revelação histórica

---

[1] Esse julgamento foi realizado, em primeiro lugar, como se sabe, por Burke e Benthan, e depois por Taine, As origens da França contemporânea. *La Revolution*, I, p. 273 e ss.; Oncken, *Das Zeitalter der Revolution, des Kaiserreiches und der Befreiungskriege*, I, p. 229 e ss.; e Weiss, *Geschichte der französischen Revolution*, I, 1888, p. 263.

de alcance universal; como um catecismo dos princípios de 1789, que formam o fundamento eterno da ordem pública; como o legado mais precioso que a França tinha feito à humanidade.

Já observamos bem o alcance histórico e político desse documento, mas muito menos a importância que tem na história do direito e que conserva ainda em nossos dias. Qualquer que seja o valor intrínseco das proposições gerais contidas nessa Declaração, sob sua influência se formou, no direito positivo dos Estados do continente, a noção de direitos subjetivos e públicos do indivíduo. A literatura de direito público não conhecia, até então, senão os direitos do Chefe de Estado e os privilégios de classe, de particulares ou de certas corporações. Os direitos gerais dos indivíduos não apareciam senão sob a forma de deveres do Estado, e não constituíam, para o indivíduo, títulos caracterizadores de direito. Não foi senão pela Declaração dos Direitos do Homem que se formou, no direito positivo, em toda sua amplitude, a noção de direitos subjetivos do cidadão frente ao Estado, noção que, até então, não era conhecida senão pelo direito natural. Isso foi realizado em primeiro lugar pela Constituição de 3 de setembro de 1791: baseando-se na Declaração dos Direitos do Homem e do Cidadão, que a tinha precedido, fixou uma série de direitos naturais e civis garantidos pela Constituição.[2]

Esses direitos – que por último foram enumerados na Constituição de 4 de novembro de 1848[3] – formam, até o presente, com o direito eleitoral, a base da teoria e da práti-

---

[2] Título Primeiro: Disposições Fundamentais Garantidas pela Constituição.

[3] Hélie, *Les Constitutions de la France*, p. 103 e ss.

A Declaração francesa dos Direitos do Homem e do Cidadão **35**

ca francesa em matéria de direitos subjetivos e públicos do indivíduo.[4] Sob a influência da Declaração francesa, quase todas as outras constituições do continente adotaram catálogos de direitos similares, cujas fórmulas e proposições, mais ou menos adaptadas às condições particulares dos diversos Estados, frequentemente apresentam grandes diferenças, não apenas na forma, mas também no fundo.

A maior parte das Constituições alemãs posteriores a 1848 contém uma seção sobre os direitos individuais. Em 1848, a Assembleia Nacional Constituinte aprovou, em Frankfurt, uma exposição dos direitos fundamentais do povo alemão, que foi publicada em 27 de dezembro de 1848 como lei do Império. Embora essa exposição tenha sido declarada nula por decisão federal de 23 de agosto de 1851, ela conservou uma importância durável, pois inúmeras de suas disposições passaram, quase que textualmente, para a legislação atual do Império. Nas Constituições europeias posteriores a 1848, esses catálogos de direitos foram reproduzidos em grande escala. Foi assim, notadamente, na Constituição prussiana de 31 de janeiro de 1850 e também na lei fundamental do Império da Áustria sobre os direitos gerais dos cidadãos, de 21 de dezembro de 1867. Em último lugar, esses princípios foram enunciados nas Constituições dos Estados balcânicos.

A Constituição da Confederação Germânica do Norte, de 26 de julho de 1867, e a do Império alemão, de 16 de

---

[4] Cf. Jellinek, *System der subj. öffentlichen Rechte*, p. 3, nº 1. Isso tem sido visto de outra maneira no ensino e na literatura contemporânea na França. Muitos autores, levando em consideração os resultados da ciência do direito público na Alemanha, adotam um ponto de vista diferente. V. especialmente o Sr. Larnaude, *Cours professés à la Faculté de droit de Paris*.

abril de 1871, formam uma exceção notável ao que acabamos de constatar. Em nenhuma parte vemos mencionados os direitos fundamentais dos indivíduos. Na Constituição do Império, essa declaração não era necessária, já que os direitos estavam expressamente formulados nas Constituições dos respectivos Estados. No mais – e esta é uma nota que já fizemos – as mais importantes regras fundamentais proclamadas em Frankfurt foram postas em prática por uma série de leis do Império. E era ocioso conferir a esses direitos uma consagração constitucional à parte. Com efeito, o *Reichtag*, que certamente deveria ter o maior interesse em sua manutenção, não tinha observado as condições especiais para modificar a Constituição.[5] Em realidade, os direitos subjetivos e públicos do indivíduo são muito mais largamente cumpridos e aplicados no Império da Alemanha que na maior parte dos Estados cujas Constituições contêm declarações expressas de direitos fundamentais. É o que se pode ver, por exemplo, com um mero passar de olhos sobre a legislação e a prática administrativa e judiciária da Áustria.

Pode-se divergir de opinião sobre o valor e o alcance práticos que a enunciação de princípios abstratos teria trazido à situação jurídica do indivíduo no Estado. Esses princípios, em qualquer caso, são letra morta quando não são postos em prática por leis detalhadas. Todavia, não se pode deixar de estar de acordo quanto à constatação de que o reconhecimento desses princípios está historicamen-

---

[5] Durante a discussão da Constituição, o *Reichtag* rejeitou todas as proposições que almejavam fazer figurar no texto constitucional dos direitos fundamentais. Cf. Bezold, *Materialien der deutschen Reichverfassung*, III, p. 896-1010.

te ligado à Revolução Francesa. A história constitucional tem a importante tarefa de fixar a origem da Declaração de Direitos de 1789. Isso importa em bem conhecer essa origem, não apenas para compreender o desenvolvimento do Estado moderno, mas, também, a situação que atribuiu ao indivíduo. Até o presente, contentou-se em enumerar, nas obras de direito público, os precedentes da Declaração de 1789, desde a *"Magna Charta"* até a Declaração de Independência dos Estados Unidos. Mas não se fizeram pesquisas mais aprofundadas sobre as fontes a que recorreram os franceses.

A opinião mais aceita sustenta que as teorias do *Contrato Social* suscitaram a Declaração dos Direitos do Homem, e que a Declaração de Independência dos 13 Estados confederados da América do Norte lhes serviu de modelo. Examinemos, agora, a exatidão dessas afirmativas.

II

O CONTRATO SOCIAL DE ROUSSEAU NÃO É A FONTE DA DECLARAÇÃO FRANCESA

Em sua *Histoire de la Science Politique*, obra mais extensa desse gênero que a França possui, Paul Janet, após uma exposição detalhada do *Contrato Social*, trata da influência que a obra de Rousseau exerceu sobre a Revolução. A ideia da Declaração dos Direitos do Homem se reduziria aos princípios de Rousseau. A própria Declaração não seria outra coisa que o libelo do contrato social segundo as ideias de Rousseau, e os direitos particulares senão as cláusulas e condições desse contrato?[1]

É uma escolha dificilmente compreensível que um autor que conheça tão bem o contrato social tenha podido partilhar nessa matéria a opinião corrente.

O contrato social se reduz a uma só cláusula, a saber: a alienação completa de todos os direitos do indivíduo à

---

[1] "Seria necessário provar que tal ato não advém de Montesquieu, mas de J. J. Rousseau? Mas o ato mesmo da Declaração é outra coisa senão o contrato passado entre todos os membros da comunidade, segundo as ideias de Rousseau? Não é a enunciação das cláusulas e das condições desse contrato?" *Histoire de la Science Politique*, 3. ed., p. 457-458.

comunidade.[2] O indivíduo não conserva para si um só átomo de direitos a partir do momento em que ingressa no Estado.[3] Tudo o que de fato possui em matéria de direitos ele recebe da vontade geral, que, sozinha, determina seus limites, mas que não deve e não pode ser juridicamente restringida por nenhum poder. Mesmo a propriedade não pertence ao indivíduo senão em virtude de uma concessão do Estado; o contrato social torna o Estado senhor de todos os bens de seus membros,[4] que continuam a possuí-los somente como "depositários do bem público".[5] A liberdade cívica consiste simplesmente no que resta ao indivíduo após a determinação dos seus deveres cívicos.[6] Esses deveres só a lei pode definir. Segundo o contrato social, as leis devem ser iguais para todos os cidadãos; é, para o poder soberano, que traz em si mesmo essas garantias,[7] o único limite; ele decorre, então, de sua própria natureza.[8]

---

[2] "Essas cláusulas, se bem compreendidas, se reduziriam a uma só, a saber: a alienação total de cada associado, com todos os seus direitos, a toda a comunidade." *Du contrato social*, I, 6.

[3] "De mais, a alienação se fez sem reserva; a união é a mais perfeita que pode ser e nenhum associado tem mais nada a reclamar", *op. cit.*, I, 6.

[4] "Pois o Estado, em relação aos seus membros, é o senhor de todos os bens pelo Contrato social", *op. cit.*, I, 9.

[5] "[...] Os possuidores eram considerados depositários do bem público", *ib.*, I, 9.

[6] "Convém-se que tudo o que cada um aliena, pelo pacto social, de seu poder, de seus bens, de sua liberdade, é somente uma parte de tudo aquilo cujo uso importa à comunidade; mas é preciso convir também que só o soberano é juiz dessa importância", *ib.*, II, 4.

[7] "O poder soberano não tem nenhuma obrigação de garantia para com os sujeitos", *ib.*, I, 7.

[8] "Assim, pela natureza do pacto, todo ato de soberania, isto é, todo ato autêntico de vontade geral, obriga ou favorece igualmente todos os cidadãos", *ib.*, II, 4.

O contrato social de Rousseau não é a fonte da Declaração francesa **41**

A concepção de um direito originário que o homem transportaria na sociedade, e que se apresentaria como uma limitação jurídica do soberano, é expressamente rejeitada por Rousseau.

Não há uma lei fundamental que possa atar a comunidade, nem mesmo o contrato social.[9]

A Declaração de Direitos pretende traçar entre o Estado e os indivíduos a linha demarcatória eterna que o legislador deve ter sempre diante de seus olhos, como o limite que, de uma vez por todas, lhe é imposto "pelos direitos naturais, inalienáveis e sagrados do homem".[10]

Os princípios do *Contrato Social* são, por conseguinte, absolutamente contrários a toda declaração de direitos, pois deles resulta não o direito do indivíduo, mas a integralidade do poder da vontade geral, que, juridicamente, não tem limites. Bem melhor que Janet, Taine compreendeu as consequências do *Contrato Social*.[11]

A Declaração de 26 de agosto de 1789 se colocou em contradição com o *Contrato Social*. É verdade que a obra de Rousseau exerceu, sobre algumas fórmulas dessa Declaração, certa influência de estilo, mas a ideia mesma da Declaração proveio necessariamente de outra fonte.

---

[9] "É contra a natureza do corpo político que o soberano se imponha uma lei que ele próprio não possa infringir [...] não há nem pode existir nenhuma espécie de lei fundamental obrigatória para a substância do povo, nem mesmo o contrato social", *ib.*, I, 7.

[10] Constituição de 3 de setembro de 1791, Título Primeiro: "O Poder Legislativo não poderá editar nenhuma lei que atente ou oponha obstáculos ao exercício dos direitos naturais e civis consignados no presente Título e garantidos pela Constituição."

[11] Cf. Taine, *op. cit.*, *L'ancien régime*, p. 321 e ss.

A DECLARAÇÃO FRANCESA SE INSPIROU NO "BILL OF RIGHTS" (DECLARAÇÕES DE DIREITOS) DAS COLÔNIAS DA AMÉRICA DO NORTE

A ideia de uma declaração de direitos já era manifestada na França antes mesmo da reunião dos Estados Gerais.* Ela se encontrava em inúmeros cadernos:** o da circunscrição de Nemours é particularmente notável sob esse ponto de vista; ele continha um capítulo intitulado "da necessidade de estabelecer quais são os direitos do homem e dos cidadãos",[1] bem como um projeto em trinta artigos. Dentre os outros projetos, aquele que se encontra no caderno do

---

* NT: Os Estados Gerais consistiam na reunião, em assembleia, dos três Estados: nobreza, clero e povo. Foram convocados por Luís XVI, o que não ocorria desde 1614, e iniciaram os seus trabalhos em 5 de maio de 1789.

** NT: À época da reunião dos Estados Gerais, em 1789, cada assembleia de corporação, de paróquia rural ou de bairro urbano redigiu um caderno de reivindicações. Esses cadernos, que alcançaram centenas de milhares, foram posteriormente resumidos pelos representantes do Terceiro Estado.

[1] "Da necessidade de estabelecer quais são os direitos do homem e dos cidadãos, e de fazer uma declaração que possa se opor a todas as espécies de injustiça." *Archives Parlementaires*, I, série IV, p. 161 e ss.

44 A DECLARAÇÃO DOS DIREITOS DO HOMEM E DO CIDADÃO · JELLINEK

terceiro Estado da Cidade de Paris apresenta um interesse todo particular.[2]

Na Assembleia Nacional, foi Lafayette que, em 11 de julho de 1789, propôs acrescentar à Constituição uma declaração de direitos, apresentando, ao mesmo tempo, um projeto de tal declaração.[3]

A doutrina dominante crê que Lafayette foi incitado a essa proposta pela Declaração de Independência da América do Norte.[4] Esta última, aliás, é vista como o modelo que a Constituinte tinha no espírito ao deliberar sobre a referida Declaração. Muitos realçam, de forma elogiosa, a maneira breve e concisa, bem como o feitio positivista do documento americano, isso em contraste com a redundância obscura e o caráter doutrinário da Declaração francesa.[5] Outros lhe opõem, também, como um contraste mais tópico, as primeiras emendas à Constituição da União,[6] ou mesmo creem em sua influência sobre a Declaração fran-

---

[2] *Archives Parlementaires*, V, p. 281 e ss.

[3] *Archives Parlementaires*, VIII, p. 221-222. Ver, a esse respeito, a coleção de textos publicados sob o título: *La Déclaration des Droits de L'Homme et du Citoyen* de 1789, Paris: Hachette, 1900, p. 26 e ss.

[4] Cf., por exemplo: H. v. Sybel. *Geschichte der Revolutions zeit 1789 bis 1800* (*História do Período Revolucionário de 1789 a 1800*), 4. ed., I, p. 73.

[5] Cf. Haeusser, *Geschichte der Franz. Revolution* (*História da Revolução Francesa*), 3ª ed., p. 169; H. Schulz, *Lehrbuch des deutsches Staatsrechts* I, p. 368; Stahl, *Staatslehre*, 4. ed., p. 523; Taine, *op. cit.*, *La Révolution* I, p. 274: "aqui nada de semelhante às declarações precisas da Constituição americana". Adendo Nota 1: "*Cf., a Declaração de Independência de 4 de julho de 1776.*"

[6] Stahl, *op. cit.*, p. 524; e Taine, *loc. cit.* Este último autor também realça na nota que Jefferson propôs uma declaração de direitos que foi recusada.

cesa, embora tenham sido adotadas somente após o 28 de agosto de 1789. Esse erro provém do fato de a Declaração de 1789 estar reproduzida palavra a palavra na Constituição de 9 de setembro de 1791; ele é inevitável para aqueles que não estão muito familiarizados com a história constitucional francesa, e que têm diante de seus olhos somente os textos das Constituições, de tal sorte que a Declaração de 1789 parece ter uma data posterior.

Essa é uma opinião geral entre todos aqueles que observam que, em momento anterior ao da Declaração francesa, a proclamação da independência dos Estados Unidos, de 4 de julho de 1776, continha a primeira exposição de uma série de direitos do homem.[7]

A Declaração de Independência da América, no entanto, não apresenta senão uma única proposição semelhante a uma declaração de direitos. Ela é estruturada nestes termos:

> Consideramos como incontestáveis e evidentes por si próprias as seguintes verdades: que todos os homens são criados iguais; que foram dotados pelo Criador de certos direitos inalienáveis; que entre esses direitos deve-se inserir, em primeiro lugar, a vida, a liberdade e a busca da felicidade. Que, para assegurar o gozo desses direitos, os homens estabeleceram entre eles os governos, cuja justa autoridade emana do consentimento dos governados.

---

[7] Stahl, *op. cit.*, p. 523, cita, de passagem, as declarações de direitos de Estados particulares, mas não indica exatamente de que época emanam, ou em que relação elas se encontram com a declaração francesa. No mais, sobressai de sua observação que ele não sabe muito sobre elas. Janet também, *op. cit.*, t. II, menciona em sua introdução, p. XIV e seguintes, as declarações americanas, sem precisar, portanto, de uma forma exata, sua relação com a declaração francesa.

46 A DECLARAÇÃO DOS DIREITOS DO HOMEM E DO CIDADÃO • JELLINEK

Que, todas as vezes que uma forma de governo qualquer torna-se destrutiva dos fins pelos quais foi estabelecida, o povo tem o direito de alterá-la ou de aboli-la e de instituir um novo governo, estabelecendo suas bases sobre os princípios, e organizando seus poderes na forma que considere mais adequada para oferecer-lhe a segurança ou a felicidade.[8]

Essa proposição é concebida em termos tão gerais que dificilmente se pode ver nela ou fazer que dela resulte todo um sistema de direitos. É, então, *a priori*, inverossímil que tenha sido o modelo da Declaração francesa.

Essa suposição torna-se uma certeza graças a Lafayette. Em uma passagem de suas *Memórias*, que até aqui passou completamente despercebida, ele nomeia o modelo que tem em vista em sua proposta à Constituinte.[9]

Ele aponta, com razão, que o Congresso da nova Confederação dos Estados Livres da América do Norte não era de nenhuma maneira capaz de editar regras de direito que tivessem força obrigatória para as colônias particulares que se elevaram ao nível de Estados soberanos. Ele afirma que, na Declaração de Independência, só são expostos o princípio da soberania nacional e o direito de alterar a forma de governo. Os outros direitos estão somente contidos, de uma maneira implícita, na enumeração das violações de direitos pelas quais é justificada a separação com a pátria-

---

[8] Tradução de Laboulaye. *Histoire des Etats-Unis*, t. II, p. 323 (éd. de 1868).

[9] *Mémoires, correspondances et manuscrits du général Lafayette*, publicados por sua família, t. II, p. 305, Paris, Londres, 1837. No texto alemão, o autor cita Lafayette após a edição de Brockhaus et Avenarius, Leipzig, 1837, onde a passagem em questão figura no t. II, p. 46.

-mãe. Mas isso era diferente nas Constituições dos Estados particulares da União, que eram precedidas de declarações de direitos que tinham força obrigatória para os representantes do povo. *O primeiro Estado que tinha produzido uma Declaração de Direitos parecida, no sentido próprio dessa palavra, foi a Virgínia.*[10]

A Declaração da Virgínia e aquelas dos outros Estados particulares da América eram a fonte da proposição de Lafayette. Mas elas não exerceram influência apenas sobre ele, alcançando, também, todos aqueles que desejassem adotar uma declaração de direitos. Os cadernos supracitados já estavam sob a influência dessas declarações.

As novas Constituições dos Estados particulares da América eram bem conhecidas na França. Logo em 1778 tinha surgido na Suíça uma tradução francesa dedicada a Franklin.[11] Uma outra tradução, decorrente de iniciativa do próprio Benjamin Franklin, foi publicada em 1783.[12]

É manifesto o equívoco de não ter sido suficientemente reconhecida, até agora, a sua influência sobre a legislação constitucional da Revolução Francesa. Em geral, nos últimos tempos, conhecíamos na Europa somente a Cons-

---

[10] "Mas as Constituições editadas sucessivamente pelos treze Estados foram precedidas de Declarações de Direitos, cujos princípios deveriam servir de regra aos representantes do povo, seja nas convenções, seja nas outras formas de exercício dos seus poderes. A Virgínia foi a primeira a produzir uma Declaração de Direitos propriamente dita." *Op. cit.*, p. 305. Edit. de Leipzig, t. II, p. 47.

[11] *Recueil des lois constitutives des colonies anglaises, confédérées sous la dénomination d'Etats Unis de l'Amérique-Septentrionale.* Dedicada ao Senhor Doutor Franklin. Na Suíça, nas livrarias associadas.

[12] Cf. Ch. Borgeaud, *Etablissement et revision des constitutions en Amérique et en Europe.* Paris, 1893, p. 27.

48 A DECLARAÇÃO DOS DIREITOS DO HOMEM E DO CIDADÃO • JELLINEK

tituição da União, não aquelas dos Estados particulares, que ocupam, na história constitucional moderna, um lugar eminente. A importância destas últimas é realçada, acima de tudo, pelo fato, ignorado mesmo por eminentes historiadores e professores de direito público, de que os Estados particulares da América tiveram as primeiras Constituições escritas. Na Inglaterra e na França já se começou a reconhecer a importância das Constituições americanas.[13] Na Alemanha, elas permanecem quase despercebidas até o presente. Sem dúvida, durante longo tempo, os antigos textos constitucionais, no seu conjunto, dificilmente estavam acessíveis na Europa. No entanto, graças à edição que, em 1877, por ordem do Senado dos Estados Unidos, foi feita de todos os textos constitucionais americanos,[14] estamos, após longo tempo de atraso, em condições de nos orientarmos facilmente nesses documentos de grande importância.

A Declaração francesa de direitos imitou, no seu conjunto, o *"Bill of Rights"* americano ou a Declaração de Direitos.[15] Todos os projetos de declaração francesa, que sucederam aqueles que se encontravam nos cadernos, até os 21

---

[13] Cf., notadamente, a excelente obra de James Bryce, *The American Commonwealth*, v. I, part. II: *The state governments*, e Borgeaud, *op. cit.*, p. 28 e ss.

[14] *The Federal and State Constitutions, colonial charters and other organic laws of the United States. Compiled under an order of the United States Senate* by Ben Perley Poore, Washington, 1877, 2 v., em paginação contínua. Em relação aos documentos da época colonial, somente são oferecidos os mais importantes. Ver também Gourd, *Les Chartes coloniales et les Constitutions des Etats-Unis de l'Amérique du Nord*. Paris, 1885, 2 v.

[15] Isso não é claramente percebido mesmo pelo autor francês que melhor conhece a história americana, o Senhor Laboulaye, como se percebe dos seus desenvolvimentos na página 11, t. II, da sua *Histoire des Etats-Unis*.

projetos que foram depositados na Assembleia Nacional, desenvolveram com maior ou menor amplitude as ideias americanas. Em relação aos acréscimos originais, esses projetos não contêm senão discussões de pura doutrina ou desenvolvimentos que pertencem, acima de tudo, ao domínio da metafísica política. É supérfluo nos determos aqui. Ater-nos-emos ao resultado: à Declaração, tal qual foi adotada, após longos debates, nas sessões de 20 a 26 de agosto.[16]

---

[16] Cf. *Archives Parlementaires*, VIII, p. 461-489. Cf. *Collection des textes publiés en 1900:* La Déclaration des *Droits de L'Homme*. Paris, Hachette, p. 30, 44 e 62.

IV

AS DECLARAÇÕES DA VIRGÍNIA E DOS OUTROS ESTADOS DA AMÉRICA DO NORTE

Em 15 de maio de 1776, o Congresso da Filadélfia, representando as colônias decididas a separar-se da pátria-mãe, concita-as a editarem suas Constituições. Entre os treze Estados que, na origem, formavam a União, onze tinham seguido essa orientação antes da Revolução Francesa, e dois outros conservavam as cartas coloniais que lhes tinham sido outorgadas pela Coroa da Inglaterra. Eles se contentaram em atribuir-lhes a característica de Constituições. Connecticut tinha, assim, a Carta de 1662, e Rhode Island, aquela de 1663. Estas são, por assim dizer, as mais antigas Constituições escritas, isso no sentido moderno da palavra.[1]

Entre os outros Estados, a Virgínia foi o primeiro a adotar uma Constituição. Isso foi obra da Convenção que se reuniu em Williamsburg de 6 de maio a 20 de junho de 1776. Essa Constituição tinha por preâmbulo um solene *Bill of Rights*,[2] que foi adotado em 12 de junho pela Conven-

---

[1] Connecticut substituiu sua carta colonial por uma nova Constituição em 1818, e Rhode Island, somente em 1841.

[2] Poore, *op. cit.*, II, p. 1908-1909.

ção. Seu autor foi Georges Mason. Madison exerceu uma influência considerável sobre sua redação definitiva.[3] Esse *Bill of Rights* foi um verdadeiro modelo para todas as outras Declarações de Direitos, mesmo para aquela do Congresso dos Estados Unidos, que somente foi adotada três semanas após a da Virgínia. Note-se que foi Jefferson, cidadão deste último Estado, quem redigiu a Declaração do Congresso. Nas outras Declarações, ou as proposições diferem, na forma, daquela da Virgínia, ou, mesmo, novas disposições são acrescidas a ela.[4]

As Declarações expressas de direitos, após a da Virgínia, foram ainda formuladas, antes de 1789, nas Constituições de:

Pensilvânia	–	28 de setembro de 1776,
Maryland	–	11 de novembro de 1776,
Carolina do Norte	–	18 de dezembro de 1776,
Vermont	–	8 de julho de 1777,[5]
Massachusetts	–	2 de março de 1780 e
New Hampshire	–	31 de outubro de 1783 (entrou em vigor em 2 de junho de 1784).

---

[3] Cf., sobre a formação do *Bill of Rights* da Virgínia, Bancroft, *History of the United States*. London, 1861, VII, cap. LXIV.

[4] A Declaração da Virgínia compreende dezesseis artigos; a de Massachusetts, 30; e a de Maryland alcança 42. A Declaração da Virgínia nada dispõe sobre o direito de emigração, que foi formulado, pela primeira vez, no art. XV da Constituição da Pensilvânia. Também não menciona o direito de reunião e o direito de petição, que aparecem igualmente, pela primeira vez, no *Bill of Rights* (art. XVI) da Pensilvânia.

[5] A qualidade de Estado foi contestada, em relação a Vermont, até 1790. Ele somente foi reconhecido como membro independente dos Estados Unidos em 18 de fevereiro de 1791.

As Declarações da Virgínia e dos outros Estados da América do Norte **53**

Nas mais antigas Constituições de Nova Jersey, Carolina do Sul, Nova Iorque e Geórgia falta ou o *Bill of Rights*. No entanto, elas contêm muitas disposições que se ajustam a essa ordem de ideias.[6] A tradução francesa das Constituições americanas, do ano 1778, contém, para Delaware, uma "declaração expositiva de direitos".[7] Ela foi adotada em 11 de setembro de 1776, não constando da coleção de Poore.[8]

Analisaremos agora as proposições particulares da Declaração francesa em cotejo com aquelas das Declarações americanas correspondentes. Eu selecionei sempre aquelas que, mesmo na forma, se aproximavam mais do texto francês. É necessário lembrar, mais uma vez, que as ideias fundamentais das Declarações americanas são, com frequência, absolutamente idênticas. Em consequência, a mesma proposição retorna sob uma forma diferente na maior parte dos *Bill of Rights*.

Deixaremos de lado o preâmbulo com que o Constituinte fez preceder a Declaração e começaremos pela enumeração dos direitos. Esse mesmo preâmbulo, no qual a Assembleia Nacional, "na presença e sob os auspícios do Ser Supremo", proclama solenemente o reconhecimento e a Declaração dos Direitos do Homem e do Cidadão, bem

---

[6] A liberdade religiosa, notadamente, é reconhecida de uma maneira particularmente enérgica pela Constituição de Nova Iorque, de 20 de abril de 1777, art. XXXVIII, Poore, II, p. 1338.

[7] *Recueil des lois constitutives des colonies anglaises*, citado acima, p. 151 e ss. Ela conta com 23 artigos.

[8] Poore, *op. cit.* O texto original dessa Declaração foi por último publicado e analisado por Farrand: *The Delaware Bill of Rights of 1776, American Historical Review*, v. III, 1898, p. 641 e ss.

como sua importância, teve por modelo, em grande parte, a Declaração do Congresso e as Declarações de muitos Estados da União, que queriam motivar a sua separação da pátria-mãe.

V

COMPARAÇÃO ENTRE A DECLARAÇÃO FRANCESA E AS DECLARAÇÕES AMERICANAS

Declaração dos Direitos do Homem e do Cidadão	*Declarações de Direitos Americanas*
Art. I – Os homens nascem e são livres e iguais em direitos. As distinções sociais só podem fundar-se na utilidade comum. **Art. II** – O fim de toda a associação política é a conservação dos direitos naturais e imprescritíveis do homem. Esses direitos são a liberdade, a propriedade, a segurança e a resistência à opressão.	**Virgínia** **Art. I** – Todos os homens são, por natureza, igualmente livres e independentes, têm certos direitos inatos, dos quais não podem, por nenhum contrato, privar nem despojar a sua posteridade: notadamente o direito de gozar da vida e da liberdade, com os meios de adquirir e possuir propriedades e de procurar e obter a felicidade e a segurança. **Art. II** – Nenhum homem ou conjunto de homens tem o direito de ter títulos ou privilégios distintos dos da comunidade, a não ser em consideração aos serviços públicos prestados. **Massachusetts** **Preâmbulo.** O fim da instituição, manutenção e administração do governo é o de assegurar a existência do corpo político, para protegê-lo e prover os indivíduos que o compõem do poder de desfrutar, em segurança e tranquilidade, os seus direitos naturais e as bênçãos de vida. **Maryland** **Art. IV** – A doutrina da não resistência, contra o poder arbitrário e a opressão, é absurda, servil e destrutiva do bem e da felicidade da humanidade.

56 A DECLARAÇÃO DOS DIREITOS DO HOMEM E DO CIDADÃO • JELLINEK

Art. III – O princípio de toda a soberania reside, essencialmente, na Nação. Nenhuma corporação e nenhum indivíduo podem exercer autoridade que dela não emane expressamente.	**Virgínia** **Art. II** – Todo o poder pertence ao povo e, em consequência, dele emana. As autoridades constituídas são depositárias de sua confiança e devem servi-lo, estando submetidas a ele todo o tempo.
Art. IV – A liberdade consiste em poder fazer tudo aquilo que não prejudique outrem: assim, o exercício dos direitos naturais de cada homem não tem por limites senão os que asseguram aos outros membros da sociedade o gozo dos mesmos direitos. Esses limites somente podem ser determinados pela Lei.	**Massachusetts** **Preâmbulo.** O corpo político é formado por uma associação voluntária de indivíduos; é um pacto social pelo qual todo o povo acorda com cada cidadão e cada cidadão com todo o povo, para que todos sejam regidos por certas leis para o bem comum. **Massachusetts** **Art. X** – Cada indivíduo da sociedade tem o direito de ser protegido por ela, no gozo de sua vida, liberdade e propriedade, de acordo com leis permanentes.

Comparação entre a Declaração francesa e as Declarações americanas   **57**

	Massachusetts **Art. XI** – Todos os sujeitos da comunidade devem encontrar um certo recurso, baseado nas leis, para todas as lesões e males que possam sofrer em sua pessoa, propriedade ou personalidade.
Art. V – A lei não proíbe senão as ações nocivas à sociedade. Tudo o que não é vedado pela lei não pode ser obstado e ninguém pode ser constrangido a fazer o que ela não ordene.	**Carolina do Norte** **Art. XIII** – Que todo homem livre, restringido em sua liberdade, tem direito a um recurso, para aferir a legalidade dessa restrição e para removê-la, se ilegal; e tal recurso não deve ser negado ou atrasado. **Virgínia** **Art. VIII** – Todo o ato de suspender as leis ou a execução das leis, praticado por qualquer autoridade, sem o consentimento dos representantes do povo, é um atentado aos seus direitos e não deve ser exercido.[1]
Art. VI – A lei é a expressão da vontade geral. Todos os cidadãos têm o direito de concorrer, pessoalmente ou por meio de mandatários, para a sua formação. Ela deve ser a mesma para todos, seja para proteger, seja para punir. Todos os cidadãos são iguais a seus olhos e igualmente admissíveis a todas as dignidades, lugares e empregos públicos, segundo a sua capacidade e sem outra distinção que não seja a das suas virtudes e dos seus talentos.	**Maryland** **Art. V** – Que o direito do povo de participar da legislatura é a melhor garantia da liberdade e o fundamento de todo governo livre. **Massachusetts** **Art. IX** – Todas as eleições devem ser livres;[2] e todos os habitantes desta comunidade, tendo as qualificações estabelecidas pela sua estrutura de governo, têm o mesmo direito de eleger os seus dirigentes e de ser eleitos para os empregos públicos. **New Hampshire** **Art. XII** – Não são os habitantes deste Estado controláveis por nenhuma outra lei que não por aquelas com as quais eles próprios ou o seu corpo representativo consentiram.

---

[1] Cf. *Bill of Rights* inglês 1.

[2] *Bill of Rights* 8.

58 A DECLARAÇÃO DOS DIREITOS DO HOMEM E DO CIDADÃO • JELLINEK

Art. VII – Ninguém pode ser acusado, preso ou detido senão nos casos determinados pela lei e de acordo com as formas por esta prescritas. Os que solicitam, expedem, executam ou mandam executar ordens arbitrárias devem ser punidos; mas qualquer cidadão convocado ou detido em virtude da lei deve obedecer imediatamente, caso contrário torna-se culpado de resistência.

Massachusetts
Art. XII – Nenhum indivíduo pode ser detido para responder por quaisquer crimes ou ofensas até que estes sejam plena e claramente, substancial e formalmente, descritos a ele; ou ser obrigado a confessar ou fornecer provas contra si próprio; e cada indivíduo deve ter o direito de produzir todas as provas que possam ser favoráveis a ele; de encontrar, face a face, as testemunhas contrárias a ele e ser amplamente ouvido na defesa que ele próprio ou o advogado de sua escolha fizer. E nenhum indivíduo deve ser preso, encarcerado, despojado ou privado de sua propriedade, imunidades ou privilégios, excluído da proteção da lei, exilado ou privado da vida, liberdade ou propriedade senão por julgamento dos seus pares ou pela lei da terra.[3]

Virgínia
Art. XII – Todas as ordens de prisão são vexatórias e opressivas, se forem expedidas sem provas suficientes e se a ordem ou requisição que transmitem a um oficial ou a um mensageiro do Estado, para efetuar buscas em lugares suspeitos, deter uma ou várias pessoas, ou tomar seus bens, não contiver indicação e descrição precisas dos lugares, das pessoas ou das coisas que dela forem objeto; semelhantes ordens jamais devem ser concedidas.

---

[3] *Magna Charta* 39.

Comparação entre a Declaração francesa e as Declarações americanas · **59**

Art. VIII – A lei só deve estabelecer penas estrita e evidentemente necessárias e ninguém pode ser punido senão por força de uma lei estabelecida e promulgada antes do delito e legalmente aplicada.	**New Hampshire** **Art. XIII** – Todas as penalidades devem ser proporcionais à natureza da infração.[4] **Maryland** **Art. XIV** – Que as leis sanguinárias devem ser evitadas, tanto quanto isso seja compatível com a segurança do Estado; e não deve ser editada nenhuma lei, em nenhum caso e em qualquer momento, que inflija penas e castigos cruéis e incomuns.[5] **Maryland** **Art. XV** – Que as leis retroativas, punindo atos cometidos antes de sua existência, e somente por elas considerados criminosos, são opressivas, injustas e incompatíveis com a liberdade; portanto, nenhuma lei *ex post facto* deve ser editada.
Art. IX – Todo acusado é considerado inocente até ser declarado culpado e, caso seja considerado indispensável prendê-lo, todo o rigor desnecessário à guarda da sua pessoa deverá ser severamente reprimido pela lei.	**Massachusetts** Cf., na página anterior, o art. XII. **Art. XIV** – Todos os indivíduos têm o direito de estar protegidos de buscas e apreensões irrazoáveis em sua pessoa, suas casas, seus papéis e em todas as suas possessões. **Art. XXVI** – Nenhum magistrado ou corte de justiça exigirá fiança ou aval excessivo, ou aplicará multas excessivas.[6]

---

[4] *Magna Charta 20.*

[5] *Bill of Rights* inglês 10.

[6] *Bill of Rights* inglês 10.

60 A DECLARAÇÃO DOS DIREITOS DO HOMEM E DO CIDADÃO • JELLINEK

Art. X – Ninguém pode ser molestado por suas opiniões, incluindo opiniões religiosas, desde que sua manifestação não perturbe a ordem pública estabelecida pela lei.	**New Hampshire** **Art. V** – Cada indivíduo tem o direito natural e inalienável de cultuar a Deus de acordo com os ditames de sua própria consciência e razão; e nenhum sujeito de direitos deve ser ferido, molestado ou restringido em sua pessoa, liberdade ou propriedade por adorar a Deus, na forma e na época mais agradáveis aos ditames de sua própria consciência ou profissão religiosa, sentimento ou persuasão; desde que não disturbe a paz pública ou incomode os outros em seu culto religioso.
Art. XI – A livre comunicação das ideias e das opiniões é um dos mais preciosos direitos do homem; todo cidadão pode, portanto, falar, escrever e imprimir livremente, respondendo, todavia, pelos abusos dessa liberdade nos termos previstos na lei.	**Virgínia** **Art. XIV** – Que a liberdade de imprensa é um dos mais fortes baluartes da liberdade, e somente é restringida pelos governos despóticos. **Pensilvânia** **Art. XII** – Que o povo tem o direito à liberdade de expressão e de escrita, e de tornar públicos os seus sentimentos.
Art. XII – A garantia dos direitos do homem e do cidadão necessita de uma força pública; essa força é, portanto, instituída para benefício de todos, e não para utilidade particular daqueles a quem é confiada.	**Pensilvânia** **Art. V** – O governo é ou deve ser instituído para o bem comum, a proteção e segurança do povo, da nação ou da comunidade; e não para benefício ou vantagem particular de qualquer homem, família, ou conjunto de homens em particular, que são apenas uma parte dessa comunidade.
Art. XIII – Para a manutenção da força pública e para as despesas de administração é indispensável uma contribuição comum que deve ser dividida entre os cidadãos de acordo com suas possibilidades.	**Massachusetts** **Art. X** – Cada indivíduo da sociedade tem o direito de ser protegido por ela no gozo de sua vida, liberdade e propriedade, de acordo com as leis estabelecidas. Ele é obrigado, consequentemente, a contribuir com sua parte para a despesa com essa proteção, dando o seu serviço pessoal ou equivalente, quando necessário.

Comparação entre a Declaração francesa e as Declarações americanas 61

Art. XIV – Todos os cidadãos têm direito de verificar, por si mesmos ou pelos seus representantes, a necessidade da contribuição pública, de consenti-la livremente, de observar o seu emprego e de lhe fixar a repartição, a coleta, a cobrança e a duração.	**Massachusetts** **Art. XXIII** – Nenhum subsídio, taxa, imposto ou dever deve ser estabelecido, fixado, assentado ou cobrado, sob qualquer pretexto, sem o consentimento do povo ou de seus representantes no Legislativo.
Art. XV – A sociedade tem o direito de pedir contas a todo agente público pela sua administração.	**Virgínia** Vide, na página 56, o art. II. **Massachusetts** **Art. V** – Como todo o poder reside originalmente no povo e é dele derivado, os vários magistrados e oficiais de governo investidos dessa autoridade, seja legislativa, executiva ou judicial, são os seus substitutos e agentes, e são sempre responsáveis perante ele.
Art. XVI – A sociedade em que não esteja assegurada a garantia dos direitos nem estabelecida a separação dos poderes não tem Constituição.	**New Hampshire** **Art. III** – Quando os homens ingressam em um estado de sociedade, eles entregam alguns dos seus direitos naturais a essa mesma sociedade, de modo a garantir a proteção dos demais; e, sem essa equivalência, a entrega é nula. **Massachusetts** **Art. XXX** – No governo desta comunidade, o departamento legislativo nunca exercerá os poderes executivo e judicial, ou qualquer um deles; o executivo jamais exercerá os poderes legislativo e judiciário, ou qualquer um deles; o judicial nunca exercerá os poderes legislativo e executivo, ou qualquer um deles; ao final, deve ser um governo das leis, não dos homens.

Art. XVII – Como a propriedade é um direito inviolável e sagrado, ninguém dela pode ser privado, a não ser quando a necessidade pública legalmente comprovada o exigir e sob condição de justa e prévia indenização.	**Massachusetts** **Art. X** – [...] mas nenhuma parte da propriedade de qualquer indivíduo pode, com justiça, ser tomada dele ou aplicada ao uso público, sem o seu próprio consentimento ou o do corpo representativo do povo. E sempre que exigências públicas requererem que a propriedade de qualquer indivíduo seja desapropriada para o uso público, ele deve receber uma compensação razoável por isso. **Vermont** **Art. II** – Que a propriedade privada deve ser subserviente ao uso público, quando a necessidade assim o exigir; no entanto, sempre que qualquer propriedade é tomada para o uso público, o proprietário deve receber o equivalente em dinheiro.

VI

CONTRASTE ENTRE AS DECLARAÇÕES AMERICANAS E INGLESAS

Ao compararmos as Declarações americanas com a Declaração francesa, vimos, em primeiro lugar, que ambas enunciam, com o mesmo *pathos*, princípios abstratos e, por isso mesmo, ambíguos. Os franceses não só adotaram as ideias americanas como também a forma na qual foram expostas do outro lado do oceano. Apesar da abundância de expressões americanas, os franceses se distinguem pela concisão, que é uma característica de sua língua. Em relação aos acréscimos originais, a Declaração francesa contém principalmente os arts. 4º a 6º, que compreendem a definição da liberdade[1] e da lei, definições que podem parecer supérfluas e sem grande alcance. Além disso, nos arts. 4º, 6º e 13 do texto francês, a igualdade perante a lei é sublinhada de uma maneira particularmente enérgica, enquanto, para os americanos, em razão de suas condições sociais e instituições democráticas, é tida como autoevidente e, em consequência, não é mencionada senão incidentalmen-

---

[1] Ela basicamente se resume à antiga definição de Florentinus: L. 4 D 1,5: *"Libertas est naturalis facultas ejus, quod cuique facere, nisi si quid vi aut jure prohibetur."*

te na Declaração americana. Na fórmula francesa, vê-se claramente a influência do *Contrato Social*; mas, no geral, não há nada de novo em relação aos americanos.

O resultado alcançado a partir do exame dos efeitos da Declaração francesa não é desprovido de interesse sob o ponto de vista da história. Com os seus *Bill of Rights*, os Estados americanos se desenvolveram em sociedades bem-ordenadas, nas quais jamais se teve queixa das consequências antissociais e revolucionárias que eles poderiam ter. Portanto, os problemas que se produziram na França, após a Declaração dos Direitos do Homem, não podem ser atribuídos às fórmulas dessa Declaração. Ela mostrou, antes, os perigos que podem advir da adoção prematura de instituições estrangeiras. Os americanos, notadamente, edificaram o seu regime social e político em 1776 sob bases há muito existentes entre eles. O que, na América, foi a consequência lógica de uma lenta evolução, o que constituía, por assim dizer, a pedra angular de um edifício erguido por um século de história e não devia servir, em suma, senão para consolidar esse edifício, não repousava sobre nada na França, e não devia ser senão um agente ativo de destruição do passado. Isso foi de resto reconhecido por homens clarividentes, como Layy Tollendal[2] e, em primeiro lugar, Mirabeau.[3]

Para o historiador do direito, sobressai um novo problema do estudo do *Bill of Rights* americano: como os americanos chegaram a formular tais cláusulas legislativas?

---

[2]   *Archives Parlementaires*, VIII, p. 222.

[3]   *Archives Parlementaires*, VIII, p. 438 e 453.

Um exame superficial parece exigir uma resposta fácil. O próprio nome indica a fonte inglesa. O *Bill of Rights* de 1689, o *Habeas Corpus* de 1670, a *Petition of Right* de 1627 e, enfim, a *Magna Charta libertarum*, parecem os precursores incontestáveis do *Bill of Rights* da Virgínia.

Certamente, a lembrança dessas célebres leis inglesas, que eram consideradas pelos americanos como parte de suas próprias leis, exerceu uma considerável influência sobre as declarações de direitos a partir de 1776. Inúmeras proposições da *Magna Charta* e do *Bill of Rights* inglês foram diretamente incorporadas em suas exposições de direitos.

Todavia, um abismo separa as declarações americanas das mencionadas leis inglesas. O historiador da Revolução Americana, falando da Declaração da Virgínia, diz que ela contém, em nome das leis eternas da humanidade, um protesto contra toda tirania. "A Petição inglesa de direitos, do ano 1688, foi histórica e retrospectiva: a Declaração da Virgínia, ao contrário, veio diretamente do coração da natureza e proclamou os princípios diretores para todos os povos, em todos os tempos futuros."[4]

As leis inglesas que dispõem sobre os direitos individuais foram adotadas à época de fatos precisos, e são, seja a confirmação, seja a interpretação de um direito preexistente. Mesmo a *Magna Charta* não contém nenhum direito novo, aliás, como *Sir* Edward Coke, o grande Jurisconsulto inglês, reconheceu no início do século XVII.[5] As leis ingle-

---

[4] "*The English petition of right in 1688 was historic and retrospective; the Virginia declaration came directly out of the heart of nature and annonced governing principles for all peoples in all future times.*" Bancroft, *op. cit.*, VII, p. 243.

[5] Cf. Blackstone, *Commentaries on the laws of England*, I, 1, p. 127 (Ed. Kerr, London, 1887, I, p. 115).

sas estão bem longe de querer reconhecer os direitos gerais do homem. Afinal, não têm nem o poder nem a intenção de limitar os fatores legislativos e de estabelecer os princípios para uma legislação futura. De acordo com o direito inglês, o Parlamento é todo-poderoso, de modo que todas as leis que ele faz ou confirma são do mesmo valor.

As declarações americanas, ao contrário, contêm regras que estão acima do poder legislativo ordinário. Tanto na União como nos Estados particulares, há órgãos distintos para a legislação ordinária e a legislação constitucional, e o juiz vela para que o poder legislativo ordinário não viole os limites da Constituição. O juiz deve recusar-se a aplicar uma lei que considere contrária aos direitos fundamentais enunciados nos *Bill of Rights*. As declarações de direitos são, ainda hoje, consideradas, pelos americanos, como as garantias práticas para as minorias.[6] É isso que as distingue dos "direitos garantidos" nos Estados europeus. As declarações americanas não são apenas, do ponto de vista formal, leis de uma natureza superior. Elas são também criação de um legislador superior. Na Europa, as Constituições conhecem, isso é verdade, procedimentos que tornam mais difícil a modificação das regras constitucionais. No entanto, é quase sempre o mesmo legislador que deve decidir as mudanças a realizar. O controle judiciário sequer existe na Confederação Helvética, embora, a exemplo do que se veri-

---

[6] Ver, abaixo, Cooley, *Constitutional limitations*, 6. ed., Boston, 1890, ch. VII. Mesmo se a Constituição de um Estado não contém a previsão dos *"bills of rights"*, dizendo que somente *"by the law of land"* (em virtude da lei territorial) alguém poderia ser expropriado de seus bens, uma lei que fosse de encontro a essa regra seria nula, com a competência do Poder Legislativo sendo, em princípio, essencialmente limitada. *Op. cit.*, p. 208.

fica nos Estados Unidos, as leis constitucionais não sejam votadas pelos mesmos órgãos que ditam as leis ordinárias.

Os *"Bills of Rights"* americanos querem não somente estabelecer certos princípios para a organização pública, mas, em primeiro lugar, traçar a linha de demarcação entre o Estado e o indivíduo. Após essas declarações, o indivíduo não iria dever ao Estado, mas à sua qualidade de homem e à sua natureza, os direitos que possui, os quais são inalienáveis e invioláveis. As leis inglesas ignoram tudo isso. Elas não querem reconhecer um direito eterno e natural, mas um direito vindo dos antepassados, os "direitos antigos e incontestáveis do povo inglês".

É sobre esse ponto que se revela da maneira mais evidente a concepção inglesa dos direitos individuais. Examinando com atenção o *Bill of Rights* de 1689, encontramos poucos preceitos afetos aos direitos individuais. Não suspender as leis, não dispensar ninguém do seu cumprimento, não estabelecer nenhum tribunal de exceção, não instituir penas cruéis, ter um júri imparcial, não aumentar nenhum imposto sem lei, não ter um exército senão com o consentimento do Parlamento, assegurar a liberdade e a imparcialidade nas eleições para o Parlamento e fazer que este órgão seja convocado regularmente não são propriamente direitos para o indivíduo, mas, sim, deveres para o governo. Entre os treze artigos do *Bill of Rights*, somente dois contêm disposições que, em sua forma, estão relacionadas aos direitos individuais, enquanto um terceiro visa à liberdade de expressão dos membros do Parlamento. Se, apesar disso, todas as cláusulas do *Bill of Rights* são designadas como direitos e liberdades do povo inglês, isso conduz à concepção de que as restrições impostas à Coroa, pela lei, constituem, ao mesmo tempo, direito do povo.

Essa visão decorre diretamente da concepção medieval do Estado germânico. Enquanto o Estado antigo apareceu-nos, no começo da história, como "πολιs" ou "*civitas*", como uma comunidade unitária, há, desde a origem, uma dualidade no Estado monárquico germânico: o príncipe e o povo não formam nenhuma unidade interior, mas se opõem como dois sujeitos bem distintos. Na concepção dessa época, o Estado constitui, essencialmente, uma relação contratual entre esses dois sujeitos. A escola jurídica romano-canônica, que está sob a influência das antigas tradições, busca trazer de volta, desde o século XI, a unidade desses dois elementos, seja com base na ideia de contrato, que separa o povo dos seus direitos, isso em favor do príncipe, e coloca, em consequência, o Estado no governo, seja vendo no príncipe somente o mandatário do povo e identificando este último com o Estado. Mas as teorias dominantes do direito público, notadamente desde que o Estado foi formado de ordens ou de *Estados*, ali veem uma relação essencialmente contratual entre o príncipe e o povo. As leis seriam as regras e o conteúdo desse contrato. Elas dariam ao príncipe o direito de exigir do povo a obediência legal, e ao povo o direito de exigir do príncipe que permaneça nos limites estabelecidos pelas leis: o povo tem, assim, um direito próprio à execução e ao respeito das leis pelo príncipe.

Portanto, todas as leis confeririam ao povo um direito subjetivo. Sob a palavra povo, isto é um ponto a ser notado, designamos, de uma maneira vaga, tanto os particulares como a comunidade em sua inteireza: *singuli et universi*. A partir desse ponto de vista, a reunião frequente do Par-

Contraste entre as Declarações americanas e inglesas **69**

lamento; a defesa, pelo juiz, contra a aplicação de alguma pena cruel; bem como todos os outros preceitos contidos na mais recente carta inglesa de liberdade, constituem um "direito do povo".

Essa concepção da lei, como regra bilateral criando direitos para esses dois elementos do Estado, existe na mais antiga história inglesa. O direito conferido pela lei se transmite de geração em geração, tornando-se um direito hereditário que todo membro do povo adquire ao nascer. Sob o reinado de Henrique VI, nós nos expressaríamos da seguinte maneira (falando da lei): "a Lei é a maior novidade que o rei anuncia; pois, pela lei, ele mesmo e todos os indivíduos são regrados, e se a lei faltasse, nem lei nem herança haveria".[7] E, na Petição de Direito, o Parlamento invoca o fato de os indivíduos serem herdeiros[8] de suas liberdades, pois, como expõe o *Act of Settlement*, a lei é um *birthright*, isto é, um direito de nascença, que o povo herdou dos seus ancestrais.[9]

Como podemos ver, as leis inglesas do século XVII não falam senão de antigos direitos e de liberdades de outrora. O Parlamento almeja apenas a confirmação das *laws and statutes of this realm*, isto é, a confirmação das relações que existem entre o rei e o povo. Não há o objetivo, nesses do-

---

[7] *Year Books* XIX, Gneist. *Englische Verfassungsgeschichte*, p. 450.

[8] *"By which the statutes before mentioned, and other good laws and statutes of this realm, your subjects have inherited this freedom."* Gardiner, *The constitutional documents of the Puritan revolution*, 1889, p. 1-2.

[9] *"And whereas the laws of England are the birthright of the people thereof."* *Act of Settlement*, IV. Stubbs, *Select Charters*, 7. ed., 1890, p. 531. *Birthright* = *right by birth, the rights, privileges or possessions to which one is entitled by birth, inheritance, patrimony (specifically used of the special rights of the first born).* Murray, *A New English Dictionary on Historical Principles*.

70 A DECLARAÇÃO DOS DIREITOS DO HOMEM E DO CIDADÃO • JELLINEK

cumentos, de criar um direito novo. Assim ocorre porque os principais direitos fundamentais não foram ali mencionados: a liberdade em matéria de religião, o direito de associação, a liberdade de imprensa e o direito de emigração, os quais, mesmo em nossos dias, o direito inglês ignora. Esses ramos da liberdade individual somente são protegidos pela regra geral de direito que defende a impossibilidade de restrição da liberdade individual por meio outro que não uma disposição legislativa.[10] A partir da concepção moderna dos ingleses, o direito de liberdade consistiria simplesmente em uma regra de direito, e seria não mais um direito subjetivo, mas um direito objetivo.[11] A teoria que Gerber fundou na Alemanha – teoria que Laband e outros autores ainda têm defendido –, e que afirma que os direitos de liberdade não são senão os deveres do governo, desenvolveu-se na Inglaterra de uma maneira totalmente independente da doutrina alemã. Ela se formou em seguida às condições históricas que mencionamos, em um momento em que a teoria do direito natural sobre os direitos públicos e subjetivos, fundada por Locke e Blackstone, tinha perdido toda a sua influência na Inglaterra. Mesmo esta última teoria é encontrada em Locke intimamente ligada às antigas ideias inglesas. Esse autor argumenta que a propriedade, que no seu pensamento compreende igualmente a liberdade e a vida, é um direito originário do indivíduo, um direito anterior à sociedade, bem como que o Estado

---

[10]   Cf. os instrutivos desenvolvimentos de Dicey, *Introduction to the Study of the Law of the Constitution*, 3. ed. 1889, p. 171 e ss.

[11]   Dicey, *op. cit.*, p. 184 e ss., 193 e ss., 223 e ss. etc. Dicey trata dos direitos de liberdade na seção *"the rule of law"*. A liberdade individual não seria senão o corolário da regra segundo a qual somente as leis podem impor limitações ao indivíduo.

Contraste entre as Declarações americanas e inglesas **71**

foi estabelecido em vista da proteção desse direito, que adquiriu, assim, a característica de um direito civil. Todavia, e este é um ponto importante a ser notado, ele não atribui aos homens que vivem em sociedade direitos fundamentais estritamente delimitados. Ao invés disso, fixa, para o Poder Legislativo, limites absolutos que decorrem "do próprio objetivo do Estado".[12] Esses limites, a serem examinados mais de perto, não são outra coisa senão as proposições mais essenciais do *Bill of Rights*, que é anterior em um ano ao *Two Treatises of Government*.[13]

É Blackstone que estabelece em primeiro lugar a teoria do direito absoluto das pessoas em sua exposição dos direitos subjetivos do indivíduo. Ele o fez, primeiro, em uma obra anônima publicada em Oxford em 1754.[14] Ela contém os traços fundamentais dos seus célebres *Commentaries* (1765). Blackstone disse que a segurança, a propriedade e a liberdade são direitos absolutos para todos os ingleses. Esses direitos não seriam outra coisa, no fundo, que o que resta da liberdade natural do homem, abstração feita das restrições que lhes poderiam ser impostas, no interesse geral, pela lei.[15]

A lei aparece como uma garantia desses direitos. A organização parlamentar, a limitação da prerrogativa real, o direito à proteção judiciária, o direito de petição e o direito

---

[12] Essa matéria é tratada no capítulo intitulado: *"of the extent of the Legislative Power"*. On Civil Government, XI.

[13] Cf. *On Civil Government*, XI, § 142.

[14] *An Analysis of the laws of England*. 2. ed., 1757, Capítulo IV, p. 78.

[15] *"Political liberty is no other than natural liberty so far restrained by human laws (and no farther) as is necessary and expedient for the general advantage of the public."* Commentaries, op. cit., p. 125 (113).

72 A DECLARAÇÃO DOS DIREITOS DO HOMEM E DO CIDADÃO · JELLINEK

de portar armas são considerados da mesma maneira que o fez o *Bill of Rights*, a saber: como os direitos para os ingleses, e notadamente como direitos auxiliares e subordinados, destinados a garantir os três direitos absolutos que indicamos.[16]

Apesar das concepções de direito natural, Blackstone somente reconhece aos indivíduos ingleses o gozo e o exercício desses direitos.[17]

A situação é diferente com as declarações americanas de direitos. Elas começam por declarar que todos os homens nascem absolutamente livres e que todo indivíduo (*every individual, all mankind, every member of society*) possui direitos. Enumeram um número muito maior de direitos que as declarações inglesas, considerando-os inatos e inalienáveis. De onde vem essa maneira de ver das leis americanas? Ela certamente não provém do direito inglês. Parece que devemos procurar a fonte nas concepções de direito natural da época. Mas nós poderíamos encontrar doutrinas de direito natural mesmo ao tempo dos helênicos. Portanto, essas teorias jamais levaram a uma declaração de direitos. As teorias do direito natural não ficaram perplexas de constatar a antinomia entre o direito natural e o direito positivo e, longe de estarem chocadas, nunca tentaram e efetivamente não formularam a pretensão de implementar o direito natural no âmbito do direito positivo. Assim, o Digesto,[18] em uma passagem de Ulpiano, proclama que todos os homens são iguais no direito natural, mas declara que

---

[16] *Op. cit.*, p. 141 e ss. (127 e ss.).

[17] Cf. *op. cit.*, p. 127 (114), 144 (130).

[18] L. 32. D. de R. J. Mesmo na Grécia, as doutrinas estoicas do direito natural não levaram a qualquer resultado prático.

a escravidão é, contudo, uma instituição de direito civil. A consequência prática desses princípios de direito natural, como a supressão da escravidão, não foi nem demandada nem realizada pelos romanos.

O mesmo ocorreu no curso do século XVIII, em que muitos autores conciliam a liberdade natural do homem com a servidão do direito positivo. Apesar de a liberdade constituir a essência mesma do homem, foram sancionadas, na Constituição da Carolina do Norte, a escravidão e a servidão.

As obras e as doutrinas literárias não podem, por si próprias, ter algum efeito prático, caso não se encontrem favorecidas pelas condições históricas e ainda não se deparem com um meio social apropriado. Quando indicamos os precedentes literários, a respeito de uma ideia contida em uma instituição, não estamos, com isso, mostrando sua origem na prática nem explicando o seu significado histórico. A história política é, ainda hoje, muito mais uma história política da literatura e muito menos uma história das próprias instituições. O número de ideias novas, em matéria política, é bem mínimo. A maior parte delas parece já ser conhecida, ao menos no seu germe, pelas mais antigas doutrinas do direito público. Não ocorre o mesmo com as instituições, que estão em perpétua transformação e devem ser entendidas em sua particular evolução histórica.

VII

A LIBERDADE RELIGIOSA NAS COLÔNIAS ANGLO-AMERICANAS – SUA PRINCIPAL CONSEQUÊNCIA: A IDEIA DE CONSAGRAR LEGISLATIVAMENTE OS DIREITOS GERAIS DO HOMEM

A ideia democrática, que está na base da organização da Igreja reformada, foi logicamente desenvolvida na Inglaterra, no fim do século XVI, e isso, em primeiro lugar, por Robert Brown e seus adeptos. Depois deles, a Igreja se identificaria com a comunidade e constituiria uma associação de crentes que, por um pacto com Deus, seria submissa a Jesus Cristo; no mais, reconheciam como regra diretiva a vontade de associação, isto é, aquela da maioria.[1] O "brownismo" foi perseguido na Inglaterra e refugiou-se na Holanda, onde, sob a influência de John Robinson, transforma-se em "congregacionalismo", que não é senão a forma primitiva do "independencialismo". Os princípios do "congregacionalismo" consistem, então, na separação da Igreja e do Estado e, em seguida, no direito de cada comunidade de administrar, de maneira autônoma e independente, as questões espirituais com o livre e comum consentimento do povo, sob a autoridade direta de Jesus Cristo.[2]

---

[1] Weingarten, *Dir Revolutionkirchen Englands*, p. 21.

[2] *"Of spiritual administration and government in itself and over itself by the common and free consent of the people, independently and immediately under*

76 A DECLARAÇÃO DOS DIREITOS DO HOMEM E DO CIDADÃO • JELLINEK

Esse individualismo absoluto, em matéria religiosa, teve consequências práticas excessivamente importantes. Como resultado, fez ver que era necessário reconhecer, de uma maneira plena e inteira, a liberdade de consciência; e de fazer reclamar, em seguida, essa liberdade, como um direito que não tinha sido concedido por nenhum poder terrestre nem deveria ser restringido por nenhum poder aqui embaixo.

A doutrina "independencialista" não está confinada ao terreno religioso e, por uma necessidade lógica, estende-se ao domínio político. Ela contemplou o Estado e, em geral, toda associação política, da mesma maneira que a Igreja, vale dizer, considera toda associação como produto de um contrato entre os associados originariamente soberanos.[3] Esse contrato social teria por origem, é verdade, um comando de Deus, mas isso não o impediria de constituir, em definitivo, a única base jurídica do Estado. Ele teria sido concluído em virtude de um direito natural do homem, não somente para assegurar a segurança do indivíduo e a poste-

---

Christ." Weingarten, *op. cit.,* p. 25.

[3] O que a doutrina do contrato social professou para os "independentes" é a consequência lógica da concepção puritana do *covenant:* o pacto constitutivo da congregação é declarado por Borgeaud, p. 9. Weingarten, *op. cit.,* falando dos independentes, observou com exatidão à página 288: "O direito de toda comunidade religiosa de decidir, com sua própria autoridade, seus negócios e de governar-se livremente, constitui a base da doutrina da soberania do povo, que foi assim introduzida na consciência política do mundo moderno." Cf. sobre essa questão Gardiner. *Constitutional Documents of the Puritan Revolution,* Oxford, 1889, p. 54 e ss.; Walker. *A History of the Congregational churches in the United States,* 1894, p. 25 e ss., 66 etc.; e Riecker. *Grundsätze reformieter Kirchenverfassung,* 1899, p. 73 e ss. Cf. também Laboulaye, *op. cit.,* t. I, p. 128.

A liberdade religiosa nas colônias anglo-americanas **77**

ridade pública; mas, sobretudo, para garantir e consagrar o direito inalienável e inato da liberdade de consciência.

E foi todo o povo, indivíduo por indivíduo, que teria expressamente concluído esse contrato, pois é somente dessa forma que cada um pode ser obrigado a respeitar a autoridade e a lei que a criou.

Os primeiros traços dessas ideias político-religiosas remontam a bem antes, sendo anteriores à Reforma. Mas o que é bastante novo é a prática constitucional que se formou sobre a base dessas ideias. É a primeira vez na história que semelhantes contratos sociais não foram somente reclamados, mas realmente concluídos.

O que, até então, dormia nos escritos empoeirados dos estudiosos tornou-se um poderoso movimento que imprimiu uma nova direção à vida social.

Os homens daqueles tempos acreditavam que o Estado repousava sobre um contrato, e eles aplicavam essa concepção em sua maneira de viver. A doutrina moderna do direito público não teve, até o presente, senão uma noção incompleta desses fatos. Ela geralmente os menciona como um exemplo da possível fundação do Estado pelo contrato, sem suspeitar, portanto, que esses pactos não eram senão a aplicação viva de uma teoria abstrata.

Em 28 de outubro de 1647, foi submetido ao Conselho Geral da Armada de Cromwell o projeto de uma nova Constituição para a Inglaterra, elaborado pelos niveladores.*⁻⁴ Esse projeto, que foi modificado e ampliado logo em seguida,⁵ foi apresentado ao Parlamento com o pedido de que fosse submetido à assinatura de todo o povo inglês.⁶ Esse notável documento limita o poder do Parlamento, como fariam mais tarde os americanos, e enumera certo número de artigos contra os quais não se poderá exercer o poder legislativo. É notadamente assim em matéria religiosa. Essas matérias devem importar unicamente à consciência.⁷ Elas pertencem aos direitos inatos, aos *native rights*, que o povo está firmemente decidido a defender, com todas as suas forças, contra os menores atentados.⁸

Foi a primeira vez, na Inglaterra, que se afirmou, em um projeto de lei, o direito natural à liberdade religiosa, e esta foi a última. Essa liberdade é atualmente reconhecida, de

---

* NT: Os niveladores eram grupos da sociedade civil inglesa, surgidos no final da Primeira Guerra Civil, que reivindicavam a igualdade política, com o reconhecimento do voto universal masculino e da propriedade não coletiva

4 Reimpresso pela primeira vez por Gardiner, *History of the Great Civil War*, III, p. 607-609. London, 1891. Em parte também em Foster, *Commentaries on the Constitution of the United States* 1, 1896, p. 49 e ss. – Ver, sobre a elaboração desse projeto, Gardiner. *History*, III, p. 219 e ss.; Bernstein. *Geschichte des Socialismus in Einzeldarstellungen*, I, 2, 1895, p. 533 e ss., 60 e ss.; Foster, *op. cit.*, I, p. 46.

5 Texto definitivo em Gardiner. *Constitutional Documents of the Puritan Revolution*. Oxford, 1889, p. 270-282.

6 Gardiner, *History*, III, p. 568.

7 *"That matters of religion and the ways of Gods worship are not at all entrusted by us to any human power."* Gardiner, *History*, p. 609.

8 Cf. o texto em Gardiner, *History*, p. 609.

A liberdade religiosa nas colônias anglo-americanas **79**

fato, nas instituições desse país; mas não é, em nenhuma parte, expressamente formulada como princípio.[9]

As condições religiosas se formam e se desenvolvem de outra maneira nas colônias inglesas da América do Norte.

Conhece-se bem o pacto que os pais peregrinos congregacionistas, perseguidos e banidos, contrataram, antes da fundação de New Plymouth, a bordo do Navio Mayflower em 11 de novembro de 1620. Quarenta e uma pessoas assinam um ato no qual declaram querer fundar uma colônia em honra ao Rei e à Pátria, para a extensão da fé cristã e para a glória de Deus. Ato contínuo, prometem associar-se para formar um corpo político e civil, estabelecer as leis, nomear as autoridades públicas e submeter-se às suas injunções; e isso para manter a ordem social e alcançar o objetivo a que se propunham.[10]

Assim, abre a série de *Pactos de Estabelecimento* que os colonos ingleses, desde a fundação da nova colônia, julgavam necessário celebrar, conforme os princípios eclesiásticos e políticos. Não vamos examiná-los senão nas suas relações com a liberdade religiosa.

Em 1629, os puritanos fundaram Salem, a segunda colônia em Massachusetts. Esquecendo as perseguições que

---

[9] Cf. Dicey, *op. cit.*, p. 229, 230, onde são mencionadas inúmeras leis limitando a livre manifestação do pensamento em matéria religiosa, leis que, é verdade, caíram em desuso, mas que não foram formalmente ab-rogadas.

[10] Ver o texto completo em Poore, v. I, p. 931. É evidente, em todo esse documento, que os colonos estavam longe de querer fundar um Estado independente. Com efeito, eles se designavam os *"subjects of our dread Sovereign Lord King James"*. Ver a tradução francesa desse documento em Laboulaye, *Histoire des Etats-Unis*, 1868, t. I, p. 133 e 134.

80　A DECLARAÇÃO DOS DIREITOS DO HOMEM E DO CIDADÃO • JELLINEK

tinham sofrido em sua pátria-mãe, mostraram-se intolerantes frente a todos aqueles que professassem princípios religiosos diferentes dos seus. Em 1631, desembarca em Massachusetts um jovem independente, Roger Williams, que a comunidade de Salem elegeu pastor pouco depois. Ele pregou a separação completa da Igreja e do Estado; pleiteou, além disso, uma liberdade religiosa completa, não somente para todos os cristãos, mas também para os judeus, os turcos e os pagãos, que, dizia ele, deveriam ter no Estado os mesmos direitos civis e políticos que todos os outros crentes. A consciência do homem somente deve importar a ele próprio, não ao Estado.[11] Proscrito e perseguido, Williams deixa Salem e funda, com alguns fiéis, no território dos Índios Narranganset, a Cidade Providência, onde todos aqueles que eram perseguidos por suas opiniões religiosas estavam certos de encontrar asilo. Em seu pacto fundamental, os "secessionistas" prometiam obedecer às leis editadas pela maioria, mas *only in civil things* (em matéria civil), e a religião não era matéria para a legislação.[12] É assim que foi reconhecida, pela primeira vez, a inteira liberdade de consciência em matéria religiosa, e isso, pelos mais fervorosos crentes.

Em 1638, dezenove colonos de Providência fundaram Aquednek, a segunda colônia em Rhode Island à época.

---

[11]　Cf. Williams, Weingarten, *op. cit.*, p. 36 e ss., e 293; Bancroft, *op. cit.*, v. I, p. 276 e ss.; Masson, *The Life of John Milton*, v. II, p. 560 e ss. O traço característico do "independencialismo", a saber, a liberdade religiosa plena e inteira, foi tratada em detalhe por Weingarten, *op. cit.*, p. 110 e ss.

[12]　Samuel Greene Arnold, *History of the State of Rhode Island*, I, New York, 1859, p. 103.

Eles concluíram igualmente um pacto que é bem notável sob o ponto de vista de sua forma.[13]

As mesmas pessoas que estavam longe de reconhecer a liberdade de consciência no mesmo nível de R. Williams estavam dominadas pela ideia da necessidade de um pacto social, quando se tratava de fundar uma nova colônia. Assim, os puritanos que emigraram de Massachusetts para fundar Connecticut em 1638 declararam, em suas *fundamental orders*, estarem se associando em conformidade com os preceitos divinos, em um corpo político, para conservar a liberdade do Evangelho, bem como sua disciplina religiosa, e constituir-se em um governo, cujas leis obedeciam em matéria civil.[14] Os puritanos, cujas opiniões em matéria religiosa estavam em desacordo com as de sua pátria-mãe e apesar da sua reduzida inclinação para a tolerância, partiam do princípio de que o Estado deveria realizar acima de tudo a liberdade religiosa. Todavia, no seu pensamento, essa liberdade religiosa devia identificar-se com o livre exercício de sua própria religião.

O pensamento de que o Estado e o Governo repousam sobre um contrato, que foi de grande importância para o desenvolvimento das concepções americanas sobre a liberdade individual, se fortalece ainda mais no novo mundo pela força das coisas e em razão de certos eventos histó-

---

[13] *"We whose names are underwritten do here solemnly, in the presence of Jehovah, incorporate ourselves into a Bodie Politick, and as he shall help, will submit our persons, lives and estates unto our Lord Jesus-Christ, the king of kings and Lord of lords, and to all those perfect and absolute laws of his given us in his holy word of truth, to be guided and judged hereby – Exod., XXIV, 3, 4; 2 Chron. II, 23, 3, Kings XI, 17."* Arnold, p. 124.

[14] *Fundamental Orders of Connecticut*, Poore, I, p. 249.

ricos. Um punhado de homens emigra para fundar novas sociedades e, dispersados sob imensas extensões de terra, começam a sua obra de civilização na solidão de florestas virgens.[15] Esses homens acreditavam viver no estado de natureza, fora da sociedade; e, quando deixaram esse estado, pensaram em fazê-lo livremente, sem que nenhum poder humano pudesse obrigá-los. O seu pequeno número lhes permitia, no início, afastar-se de um governo representativo: tratavam os negócios públicos em comum, nas assembleias de paróquia, os *town meetings*, nos quais podiam participar todos os que fizessem parte da comunidade.

Essas circunstâncias contribuíram para desenvolver a "pura democracia" ou "democracia direta"; ela se forma ali, nessas condições, de uma maneira toda natural. Os próprios fatos contribuíram igualmente para consolidar essa concepção tão contrária às antigas noções inglesas, segundo as quais a soberania do povo é o fundamento das leis e do governo. As ideias em que se inspiraram, logo em seguida, os homens de 1776 apareceram em um povo que tinha tais bases políticas, evidentes por si próprias (*self-evident*), como disse a Declaração de Independência.

O direito à liberdade religiosa, pelo qual Roger Williams lutou de maneira tão enérgica, foi oficialmente reconhecido no curso do século XVII, primeiro no código de Rhode Island, em 1647, depois na Carta que Charles II outorgou, em 1643, às colônias de Rhode Island e às plantações de

---

[15]   O número de imigrantes na Nova Inglaterra em 1640 era de, no máximo, 22.200. Nessa cifra, 3.000 foram para New Plymouth e menos de 2.000 para Connecticut. Cf. Masson, *op. cit.*, p. 548-550.

Providência.[16] A pedido dos colonos, foi-lhes concedido, nesse ato memorável, que ninguém seria molestado, acusado ou condenado em razão de suas opiniões religiosas. Todo indivíduo, doravante, devia gozar da mais absoluta liberdade de consciência, à condição, todavia, de ter uma conduta pacífica, e de não afastar essa liberdade até a dissolução ou a profanação, não causando danos ou problemas exteriores a outrem.[17] Foi concedido, assim, a uma colônia o que fora recusado com tanta fúria na pátria-mãe. Na Europa, praticamente não há princípios parecidos antes das *máximas* de Frederico II da Prússia. O princípio da liberdade, em matéria de religião, é reconhecido nos Estados Unidos, de uma forma mais ou menos ampla, ainda nas outras colônias. Assim, em 1649, a Maryland católica concedeu a todos aqueles que criam em Jesus Cristo o direito de praticar livremente a sua religião.[18] A bizarra Constituição que

---

[16] A grande distância dessa colônia fazia parecer pouco perigosas essas concessões de liberdades, que estavam em contradição com as condições sociais da Inglaterra de então. No mais, Charles II, em sua aversão pelos puritanos, buscava favorecer as colônias que estavam separadas de Massachusetts.

[17] *"Our royal will and pleasure is that no person within the said colony, at any time hereafter, shall bee any wise molested, punished, disquieted, or called in question, for any diferences in opinione in matters of religion, who do not actually disturb the civil peace of our said colony; but that all and every person and persons may, from time to time, and all times hereafter, freely and fully have and enjoy his and their own judgments and consciences, in matters of religious concernment, throughout the tract of land hereafter mentioned; they behaving themselves peaceably, and quietly, and not using this liberty to licentiouness and profaness, nor to civil injury or outward disturbance of others; any law, statute ou clause, therein contained, usage or custom or to be contained, of this realm, to the contrary hereof, in any wise, notwithstanding."* Poore II, p. 1596 e ss. Ver a tradução de Gourd, *Chartes coloniales, op. cit.,* v. I, p. 265.

[18] Bancroft, I, p. 193; e E. Lloyd Harris, *Church and State in the Maryland Colony.* Inaugural Dissertation, Heidelberg, 1894, p. 26 e ss.

84 A DECLARAÇÃO DOS DIREITOS DO HOMEM E DO CIDADÃO • JELLINEK

Locke desenvolveu para a Carolina do Norte e que ali entrou em vigor em 1660 – Constituição que parecia pouco harmônica com o sistema dos *Two Treatises of Government* – quase não se funda sobre o princípio da igualdade completa de todos, mas sobre o da tolerância para os dissidentes, mesmo para os judeus e os pagãos.[19] Todo grupamento de sete pessoas, não importa de que religião, pode fundar uma igreja ou comunidade religiosa.[20] Toda limitação em matéria de religião é proibida. Todavia, todo habitante deve declarar, na idade de 17 anos, a que comunidade pertence, e inscrever-se em uma igreja, na falta da qual não poderá prevalecer-se da proteção das leis.[21] Todo atentado contra uma sociedade religiosa é severamente reprimido.[22]

Como se vê, não eram os princípios da liberdade política que Locke tinha no coração, mas, sim, o estabelecimento de uma liberdade completa em matéria religiosa. A liberdade de consciência era pouco relevante no tratado *"On Civil Government"*, sendo energicamente defendida por Locke em outra de suas obras, notadamente no seu célebre opúsculo "Sobre a Tolerância". No entanto, ela ocupa o primeiro lugar em suas concepções práticas, como o mostra a sua Constituição da Carolina do Norte. Para ele, a liberdade de consciência é um direito superior a todos os outros, um direito primordial e sagrado. Esse filósofo, que argumentou que a liberdade era um dom inalienável da natureza, não

---

[19] A Carta da Carolina do Norte de 1665 já prescrevia a tolerância civil. Poore, II, p. 1397. O próprio Locke queria conceder plena liberdade em matéria de religião. Cf. Laboulaye, I, p. 397.

[20] Art. 97, Poore, II, p. 1406-1407.

[21] Art. 101, Poore, II, p. 1407.

[22] *Op. cit.*, idem, art. 102, 106.

tinha escrúpulos para consagrar, nessa Constituição, a servidão e a escravidão: não ocorreu o mesmo com a liberdade religiosa e, no novo Estado Feudal que organizou, estabeleceu a mais absoluta tolerância em matéria de religião.

Uma liberdade de consciência bem grande foi concedida em 1644, na colônia de Nova Jersey, e, em 1665, na de Nova Iorque.[23]

Esta última colônia, que, já sob dominação holandesa, professava princípios bem tolerantes, declarou, em 1663, que todo homem que cria em Jesus Cristo tinha o direito de não ser perquirido por uma divergência de opinião em matéria de dogma. No mesmo ano, Guillaume Penn, dando uma Constituição à colônia que lhe havia sido concedida em propriedade pela Coroa e que portava o nome de "Pensilvânia", em honra de seu pai, declarou "que qualquer um que cresse em Deus não podia ser forçado, de qualquer maneira que fosse, a cumprir uma obrigação religiosa qualquer, e não podia ser molestado de nenhuma forma".[24]

Na Constituição que outorgou mais tarde, em 1701, e que permaneceu em vigor até 1776, Penn fez sobressair, em primeiro lugar, que um povo não poderia ser verdadeiramente feliz, tendo o gozo das mais amplas liberdades, se fosse privado da liberdade de consciência.[25] No fim desse ato, ele prometeu solenemente, em seu nome e no de seus

---

[23] C. Ellis Stevens. *Sources of the Constitution of the United States*. New York, 1894, p. 217.

[24] *Laws agreed upon in England*, art. XXXV. Poore, II, p. 1526.

[25] *Charter of Privileges for Pennsylvania*, art. I. Poore, *op. cit.*, p. 1357, Gourd, *op. cit.*, v. I, p. 305, III. Para exercer uma função pública, não era necessário pertencer a uma certa confissão, mas tão somente crer no Salvador do mundo, Jesus Cristo.

86 A DECLARAÇÃO DOS DIREITOS DO HOMEM E DO CIDADÃO • JELLINEK

herdeiros e sucessores, que essa liberdade de consciência por ele editada seria eternamente respeitada, e que as disposições da Carta, que continham e exprimiam essa liberdade, não podiam ser violadas ou modificadas, no todo ou em parte, não obstante qualquer disposição em contrário.[26] Deu-se à lei constitucional a força de uma *lex in perpetuum valitura.*

Em 1692, uma carta outorgada a Massachusetts por Guilherme III garantia, como fez o ato de tolerância religiosa de 1688 na Inglaterra, plena liberdade de consciência a todos os cristãos, salvo aos católicos.[27] George II outorgou, em 1732, um favor semelhante à Geórgia.[28]

Assim, o princípio da liberdade em matéria de religião recebeu na América a sua consagração constitucional, em limites mais ou menos estendidos. Esse princípio, que é intimamente ligado ao grande movimento político e religioso de onde saiu a democracia americana, decorre da convicção de que há um direito natural do homem, e não um direito concedido ao cidadão, a ter a liberdade de consciência e a liberdade de pensamento em matéria de religião. Essas duas liberdades constituem direitos superiores ao Estado e não podem ser violadas por ele.

Esse direito, por tanto tempo não reconhecido, é quase uma *"herança"*. Ele não ingressa no patrimônio hereditário dos antigos como os direitos e liberdades da *Magna Charta*

---

[26] Art. VIII, seção 3.

[27] Poore, *op. cit.*, I, p. 950. Cf., acima, Lawer. *Church and State in New England*, no *John Hopkins University Studies*, 10ª Série, II-V, Baltimore, 1892, p. 35 e ss.

[28] Poore, *op. cit.*, I, p. 375.

A liberdade religiosa nas colônias anglo-americanas **87**

e das outras leis inglesas. De fato, não foi o Estado que o proclamou, mas o Evangelho.

E isso, naquele tempo e também mais tarde, não foi oficialmente expresso na Europa senão em alguns textos de pouca importância.[29] Somente se manifestou na grande corrente intelectual que tinha começado no século XVII, para atingir o seu apogeu com o período filosófico do século seguinte, sendo, em 1650, um princípio de direito já reconhecido na Constituição de Rhode Island e nas outras colônias. O direito à liberdade de consciência foi proclamado, assim, como a ideia de um direito do homem com ele nascido.

Em 1776, em quase todos os *Bills of Rights*, falava-se de uma forma pouco enfática desse *direito natural e inato*.[30]

---

[29] Na Inglaterra, é o ato de Will and Mary, c. 18, que prescreveu a tolerância para os dissidentes. Essas liberdades foram restringidas sob o reinado de Anne, e restabelecidas sob George I. Desde George II, os dissidentes são admitidos às funções públicas. As restrições editadas contra os católicos e os judeus não foram abolidas senão no curso do século XIX. Na Alemanha, após as concessões incompletas da paz de Osnabruck, as leis abaixo enumeradas criaram nessa matéria uma situação análoga àquela que existia outrora na América: nós fazemos alusão aqui ao édito de tolerância de Joseph II, ao de Frederico Guilherme, de 9 de julho de 1788, que codifica as máximas de Frederico II e, acima de tudo, ao Código Geral prussiano (Seção II, Título II, art. I e ss.). Preuss. *Allgemeine Landrecht, Teil* II, *Titel* II, § 1, ff.

[30] Todavia, a implementação desse direito na legislação positiva, sob o ponto de vista da igualdade absoluta dos aderentes de diversas confissões, variou conforme os Estados. Assim, New York, depois de Rhode Island, fez a primeira separação da Igreja e do Estado; a Virgínia fez o mesmo em 1785. Nas outras colônias, ainda que durante certo tempo, exigiu-se que se professasse a religião protestante ou ao menos que se fosse cristão para poder ocupar-se uma função pública. Ainda nos nossos dias, exige-se em certos Estados, para ser admitido em uma função

88 A DECLARAÇÃO DOS DIREITOS DO HOMEM E DO CIDADÃO • JELLINEK

A característica desse direito é indicada de uma forma curiosa no *Bill of Rights* de New Hampshire. Lá está dito que quaisquer direitos naturais são inalienáveis, porque ninguém pode lhes dar em troca um equivalente. Tais seriam notadamente os direitos de consciência.[31]

A ideia de consagrar legislativamente os direitos inalienáveis e invioláveis, os direitos naturais do indivíduo, não é uma ideia de origem política, mas, sim, uma ideia de origem religiosa. O que até o presente cremos ser obra da Revolução não é, em realidade, senão um produto da reforma e das lutas que ela originou. O seu primeiro apóstolo não é Lafayette, mas Roger Williams, cujo nome é ainda hoje proferido pelos americanos com a mais profunda veneração. Esse apóstolo, impulsionado por seu entusiasmo religioso, emigrou na solidão para fundar "um império baseado sobre a liberdade religiosa".

---

pública, a fé em Deus, na imortalidade da alma e na recompensa em outro mundo. Massachusetts estabeleceu em seu *Bill of Rights* não somente o direito, mas também o dever de praticar o culto divino, e, até 1799, toda negligência detectada na frequência às igrejas era passível de pena. Essas restrições, e ainda outras, desapareceram no curso do século XIX, isso sem prejuízo de algumas raras exceções. No que concerne ao Estado Federal, o art. VI da Constituição estatui que o exercício de direitos políticos não está submetido a nenhuma condição de confissão religiosa. No mesmo sentido, o célebre art. 1º da Emenda que proíbe a concessão de privilégios ou o tratamento diferenciado entre religiões. Ver, sobre o estado dessa questão nos Estados membros da União, os desenvolvimentos de Cooley, Cap. XIII, p. 541-586, e também Rüttiman. *Kirche und Staat in Nordamerika* (*A Igreja e o Estado na América do Norte*), 1871.

[31] *"Among the natural rights, some are in their very nature unalienable, because no equivalent can be given or received for them, of this kind are the rights of conscience."* Art. IV, Poore, II, p. 1280.

VIII

FORMAÇÃO, DURANTE A REVOLUÇÃO AMERICANA, DO SISTEMA DOS DIREITOS DO HOMEM E DO CIDADÃO

O século XVII foi a época das lutas religiosas. No século seguinte, foram os interesses políticos e econômicos que ocuparam o lugar de destaque. As instituições democráticas das colônias estão frequentemente em contradição com as da pátria-mãe, e o liame moral com a metrópole se dilui mais e mais. Um grande conflito de interesses econômicos começa a fazer-se sentir com intensidade. A prosperidade econômica das colônias exige, de fato, o menor número possível de restrições à sua liberdade de movimentos. Enfim, elas não se sentem mais governadas pela pátria-mãe, mas pelo estrangeiro.

É então que as antigas concepções puritanas e "independencialistas" agem em um novo sentido. A doutrina do contrato social, que tinha desempenhado um grande papel desde a fundação das colônias e tinha contribuído para estabelecer a liberdade religiosa, favorecia agora, de uma maneira bem marcante, a transformação das instituições existentes. Isso não quer dizer que essa teoria modifique diretamente as instituições, mas, sim, que lhes dá uma nova base.

90 A DECLARAÇÃO DOS DIREITOS DO HOMEM E DO CIDADÃO • **JELLINEK**

Os colonos conservaram, do outro lado do oceano, as liberdades e os direitos que tinham enquanto cidadãos ingleses de nascença. Em uma série de cartas outorgadas pelos reis da Inglaterra, foi expressamente dito que os colonos e seus descendentes gozariam de todos os direitos que pertencessem aos ingleses em sua pátria-mãe.[1] Já antes da Declaração inglesa de direitos, a maior parte das colônias votara leis resumindo de alguma maneira as antigas liberdades inglesas.[2]

Esses antigos direitos sofreram uma profunda modificação na segunda metade do século XVIII. Os direitos e liberdades que foram herdados dos antepassados e a autonomia concedida em certas cartas, pelos reis da Inglaterra ou pelos governos das colônias, modificaram-se profundamente em sua natureza. Afinal, eles não foram considerados como emanados dos homens, mas de Deus e da natureza.

A esses antigos direitos juntaram-se os novos. Quando se forma a convicção de que havia um direito independente do Estado, o da consciência, foi estabelecida a base de onde derivariam, em sua especialização, os direitos inalienáveis do indivíduo. A teoria do direito natural reconhece ao indivíduo, regra geral, um só direito natural: o direito de liberdade e o direito de propriedade. Mas, após as concepções americanas do século XVIII, há toda uma lista desses direitos.

---

[1] Kent. *Commentaries on American Law*. 10. ed., v. I, p. 611.

[2] Cf. Kent, *op. cit.*, v. I, p. 612 e ss.; Stevens, *op. cit.*, p. 208 e ss. Essas leis, nos dias de hoje, são geralmente designadas na América com o nome de *Bills of Rights*. Elas têm indubitavelmente servido de modelo para as codificações dos anos de 1776 e seguintes.

A doutrina de Locke, as teorias de Pufendorf[3] e as ideias de Montesquieu certamente tiveram grande influência sobre as concepções políticas dos americanos. Mas é impossível explicar somente com elas a elaboração de uma lista completa dos direitos gerais do homem e do cidadão.

Em 1764, apareceu em Boston o célebre livro de James Otis: *Os Direitos das Colônias Inglesas*. Dizia-se lá que os direitos políticos e civis dos colonos não repousavam sobre uma concessão da coroa. A *Magna Charta*, ela própria, malgrado sua antiguidade, não deve ser considerada como o começo de todas as coisas. "Pode chegar o dia em que o Parlamento declare nula e de nenhum efeito toda carta americana, mas, nesse dia, os direitos dos colonos, como homens e como cidadãos, esses direitos inerentes à sua qualidade, inseparáveis de suas cabeças, não serão atingidos. As cartas podem variar, mas esses direitos perdurarão até o fim do mundo."[4]

Esse escrito fixou, para o Poder Legislativo, numa forma similar à do *Bill of Rights*, os limites absolutos *"estabelecidos por Deus e pela natureza"*. Ele visava, sobretudo, o direito

---

[3] Borgeaud, na p. 17, cita um tratado de John Wyse que teria contribuído muito para a difusão das ideias democráticas em Massachusetts. Mas esse autor, cujo nome é John Wise, não fez outra coisa senão tomar por base de seus desenvolvimentos, como ele próprio o declara expressamente, a doutrina de Pufendorf. Cf. J. Wise, *A Vindication of the Government of New England Churches*, Boston, 1772, p. 22.

[4] *"Nor do the political and civil rights of the British colonists rest on a charter from the crown. Old Magna Charta was not the beginning of all things; nor did it rise on the borders of chaos out of the unformed mass. A time may come when parliament shall declare every American charter void; but the natural, inherent and inseparable rights of the colonists as men and as citizens, would remain, and whatever became of charters, can never be abolished till the general conflagration."* Bancroft, p. 145-146. Texto francês em Laboulaye. *Histoire des Etats-Unis*, t. II, p. 88, acima reproduzido.

de imposição, que foi a principal causa de mal-entendidos entre as colônias e a pátria-mãe. O fato de elevar as taxas ou de receber os impostos, sem o consentimento do povo ou dos representantes das colônias, foi contrário não ao direito do país, mas às leis imprescritíveis da liberdade.[5] As restrições direcionadas ao poder do Parlamento não foram outras senão aquelas que Locke tinha enumerado: restrições que "a lei de Deus tinha imposto ao Poder Legislativo em qualquer Estado".

Essas propostas de Locke passam aqui por uma profunda modificação. De fato, os direitos objetivos se transformam em direitos subjetivos. Enquanto Locke e, depois dele, Rousseau submetem o indivíduo à vontade da maioria da Nação – vontade que somente tem por limites os objetivos do Estado –, aqui é o indivíduo que fixa as condições segundo as quais ele consente em fazer parte da sociedade e as conserva como direitos próprios. Ele possui, assim, no Estado e contra o Estado, os direitos que não provêm deste último. Em razão das tentativas que fez a Inglaterra para limitar esses direitos, nasceu a ideia de declará-los solenemente e de defendê-los. Essa transformação do direito objetivo em direito subjetivo se opera sob influência da obra anônima de Blackstone, que citamos em momento anterior.[6] De fato, a instrução parlamentar impressa em anexo ao escrito de James Otis se expressa exatamente nos mesmos termos que a obra de Blackstone.[7]

---

[5] Cf. John Adams, *Works X*, Boston, 1856, p. 293.

[6] V. p. 56, nota 3.

[7] *The Rights of the Colonies Asserted and Proved. Reprinted.* London, 1764, p. 106. É falso, pelo contrário, que os *Commentaries* de Blackstone tenham exercido uma influência preponderante sobre a declaração ame-

Em 20 de novembro de 1772, os cidadãos reunidos em Boston votaram, a partir de proposta de Samuel Adams, um projeto elaborado por ele e que continha uma declaração dos colonos enquanto homens, cristãos e cidadãos. Essa declaração proclamou (apoiando-se na autoridade de Locke) que os homens fazem parte do Estado em virtude do seu livre consentimento e que eles têm o direito de formular, preliminarmente, em um pacto equitativo, as condições e as reservas que querem fazer prevalecer e de velar pela sua observância. Os colonos reclamam em seguida, enquanto homens, o gozo e o exercício do direito de liberdade e de propriedade; enquanto cristãos, a liberdade religiosa; e, enquanto cidadãos, os direitos garantidos pela *Magna Charta* e pelo *Bill of Rights* de 1689.[8]

Por fim, em 14 de outubro de 1774, o congresso reunido em Filadélfia, representando as doze colônias, votou uma declaração de direitos onde foi dito que os habitantes da América do Norte têm as prerrogativas que lhes pertencem em virtude do direito imutável da natureza, da Constituição inglesa e de suas próprias Constituições.[9] De lá até a Declaração da Virgínia, somente ela existiu, e, portanto, há todo um abismo que separa esses dois documentos. A Declaração da Filadélfia é um protesto; a da Virgínia, uma lei. O direito inglês não é mais invocado. O Estado da

---

ricana de 1776. Ver, a esse respeito, Jellinek, *Staatslehre*, 1900, p. 374 e 375, nota 1.

[8] Cf. Wells, *The Life and Public Services of Samuel Adams*, I, Boston, 1865, p. 502-507, Laboulaye, *op. cit.*, II, p. 171.

[9] O texto é reproduzido por inteiro em Story, *Commentaries on the Constitution of the United States*, 3. ed., I, p. 134 e ss. Cf. também Laboulaye, v. II, p. 241.

Virgínia reconheceu solenemente, como base fundamental do governo, os direitos das gerações presentes e futuras.[10]

Essa Declaração e aquelas que foram adotadas pelos Estados doravante soberanos da América do Norte concedem, além da liberdade individual, do direito de propriedade e da liberdade de consciência, certo número de novos direitos. Esses direitos correspondem às violações que a liberdade individual sofrera recentemente por parte da Inglaterra. São os direitos de reunião, os direitos sobre a liberdade de imprensa e sobre a liberdade de estabelecimento.* Não apenas os direitos de liberdade são ali mencionados. Vemos também o direito de petição, o direito à proteção legal e o procedimento que se deve empregar nesse caso: trata-se do julgamento por um júri imparcial e independente. No mais, essas declarações fixam as bases dos direitos políticos dos cidadãos. Também contêm, segundo a intenção dos seus autores, os traços fundamentais dos direitos públicos do indivíduo. Reafirmam, além disso, o princípio da divisão dos poderes e da responsabilidade dos funcionários. Decidem que as funções públicas não podem ser ocupadas senão temporariamente e proscrevem as distinções hereditárias. Trazem, enfim, algumas limitações ao Poder Legislativo e ao Governo: assim, é proibido ter tropas permanentes ou mesmo ter uma Igreja privilegiada. Essas limitações não criam direitos subjetivos em benefício do indivíduo ou, se isso ocorrer, o será indiretamente. Tudo

---

[10] O título dessa Declaração é assim conhecido: *"A declaration of rights made by the representatives of the good people of Virginia, assembled in full and free convention; which rights do pertain to them and their posterity, as the basis and foundation of government."*

* NT: Liberdade de estabelecimento é a faculdade de permanecer no território de um Estado.

isso está fundado no princípio da soberania nacional e baseado sobre essa ideia, a de que a Constituição não é senão um pacto consentido por todos. Vemos revelar-se aqui, claramente, a ação persistente da antiga ideia puritana e "independencialista", que seria implantada mais tarde, sob uma forma assim caracterizada, um poder de certa maneira novo. Quando ainda hoje as convenções constituintes, ou mesmo o próprio povo, decidem introduzir modificações constitucionais em certos Estados, vemos bem que as instituições democráticas continuam a ser animadas pela mesma ideia que então inspirou os colonos de Connecticut e de Rhode Island.

Em todas essas Constituições, a declaração de direitos ocupa o primeiro lugar. Somente em segundo lugar vem juntar-se o plano ou quadro de governo. Fixa-se, então, o direito do criador do Estado, o indivíduo, gozando originariamente de uma liberdade ilimitada, e, em seguida, o direito que os indivíduos criaram: o direito do Estado.

Os princípios foram os mesmos em todos os Estados em particular. No entanto, eles foram diversamente aplicados nas diferentes legislações. Essas divergências foram muito atenuadas adiante, mas mesmo hoje elas ainda não desapareceram completamente. Como notamos anteriormente, embora tenha sido amplamente reconhecido, de forma idêntica, o princípio da liberdade em matéria de religião, ele não foi imediatamente posto em prática, em todos os Estados, com todas as consequências lógicas. Apesar dessa afirmação, de que os homens tinham sido criados pela natureza livres e iguais, a escravidão dos negros não foi imediatamente abolida. No lugar do "homem" figura, nos Estados escravagistas, o "homem livre".

Os direitos solenemente proclamados são considerados pertencentes, na origem, a todos os "habitantes", e, nos Estados escravagistas, a todos os "brancos". É somente mais tarde que a qualidade de cidadão (*citizen*) dos Estados Unidos é exigida na maior parte dos Estados para que se possa exercer os direitos políticos.

Nós vimos por qual notável evolução tal surgiu no antigo e no novo direito inglês, como foi praticada nas colônias a concepção de uma esfera jurídica independente do Estado e que é pura e simplesmente necessário ter de reconhecê-la ao indivíduo. Em realidade, as declarações de direitos nada fazem senão exprimir, em fórmulas gerais, uma organização jurídica de fato. Americanos proclamam como um "patrimônio eterno", comum a todos os povos livres, os direitos que já possuíam. Os franceses, ao contrário, querem dar o que ainda não possuem, instituições que devem corresponder aos princípios gerais. Esta é a diferença mais importante entre a declaração americana e a declaração francesa: na América, as instituições positivas precederam ao reconhecimento solene dos direitos individuais; na França, seguiram-se a ele. Esse foi igualmente o erro fundamental da Assembleia de Frankfurt, que quis fixar primeiro os direitos do indivíduo e regular somente depois a organização do Estado. O Estado alemão não tinha sido fundado, mas já havíamos definido o que esse Estado inexistente não deveria fazer e o que deveria conceder. Os americanos poderiam tranquilamente fazer preceder "o plano de governo" da declaração de direitos, precisamente porque o "governo" e as leis diretrizes já existiam há muito tempo.

O que decorre de forma absoluta dessa pesquisa é que os princípios de 1789 não são outros senão os de 1774.

Mas é incontestável, por outro lado, que sua influência duradoura na Europa está intimamente ligada à redação que receberam na França.

IX

OS DIREITOS DO HOMEM E A CONCEPÇÃO GERMÂNICA DO DIREITO

Resta-nos resolver, por fim, uma última questão. Por que a doutrina do contrato social e dos direitos originários do homem – que germinou já na antiguidade, ao tempo dos sofistas; que se desenvolveu em seguida, na Idade Média, nas teorias do direito natural; e foi-nos transmitida pela corrente da Reforma –, por que essa doutrina adquiriu, primeiro na Inglaterra, depois em suas colônias, uma importância tão considerável? Como é possível que, em um Estado eminentemente monárquico, cujas instituições estão intimamente ligadas à realeza e não podem ser compreendidas sem ela, ideias republicanas tenham penetrado e transformado completamente a organização política.

É fácil perceber a causa direta desse fato. É a contradição das concepções jurídicas dos ingleses com a dinastia dos Stuarts, vinda do estrangeiro e que se baseava no direito divino. As lutas religiosas contra essa dinastia, tanto na Inglaterra como na Escócia, favoreciam a propagação de doutrinas que podiam provocar, no País, uma oposição violenta contra ela. Um estado análogo de coisas existiu, em inúmeros Estados do continente, desde o fim do século

XVI até o meio do século XVII. Aqui também houve uma oposição bem forte de classes contra a realeza aspirante ao absolutismo. E os publicistas perspicazes esforçaram-se em opor ao soberano os direitos do povo e do indivíduo. Terríveis guerras religiosas devastaram esses países. As concepções revolucionárias no continente levaram, na França, isso é verdade, ao regicídio, mas não se tentou em nenhuma parte transformar a própria organização do Estado. As teorias do direito natural de Locke quase não produziram resultados fora da Inglaterra. Somente no fim do século XVIII as doutrinas "do direito natural" desempenharam um papel importante na Europa continental. Temos como exemplo formidável a transformação social provocada pela Revolução Francesa.

Diversamente do continente, a Inglaterra resistiu, não sem sucesso, à influência do direito romano. E mesmo que as ideias do direito romano não tenham deixado intactas as concepções jurídicas da Inglaterra, é necessário reconhecer que elas exerceram uma influência muito maior sobre o continente. O direito público, notadamente, desenvolveu-se sobre uma base essencialmente germânica, e as concepções romanas sobre o absolutismo do Estado jamais prevaleceram.

O Estado germânico, afinal, o que sabemos de maneira certa pela história, não teve, diversamente da cidade antiga, senão fracos poderes no começo de sua existência, e somente pouco a pouco e gradualmente adquiriu poderes maiores. Sua esfera de ação, no início, era mínima.

O indivíduo estava submetido a uma tutela severa na família e na tribo. O Estado, ao contrário, não lhe impunha restrições muito grandes. A vida política, na Idade Média,

Os direitos do homem e a concepção germânica do direito **101**

ocorria mais nas associações políticas que no Estado, que somente tinha então, em suma, uma força rudimentar.

No começo dos tempos modernos, o poder público se concentra mais e mais. Na Inglaterra, isso se verificou mais facilmente porque os reis normandos já tinham centralizado a administração de maneira rigorosa. Já no fim do século XVI, *Sir* Thomas Smith podia dizer que o Parlamento tinha um poder ilimitado,[1] poder que Coke designaria pouco depois como absoluto e transcendente.[2]

Mas esse poder foi concebido como ilimitado pelos ingleses somente sob o ponto de vista formal, e não sob o ponto de vista material do direito. De fato, na Inglaterra o povo tinha a concepção viva e profunda de que deveriam existir limites essenciais ao poder do Estado e, em consequência, àquele do Parlamento e do Rei.

Também a *Magna Charta* declara que os direitos e liberdades que enuncia são concedidos *in perpetuum*.[3] É estatuído pelo *Bill of Rights* que tudo o que ele contém deve permanecer, para sempre, como sendo a lei do reino.[4] Não obstante todo o poder do Estado, considerado sob o ponto de vista formal, é expressamente reconhecido, pelas leis

---

[1] *"The most high and absolute power of the realm of England consisteth in the Parliament... all that ever the people of Rome might do, either in centuriatis comitiis or tributis, the same may be done by the Parliament of England, which representeth and hath the power of the whole realm, both the head and the body."* *The Commonwealth of England*, 1589, *Book II*, reproduzido em Prothero. *Select Statutes and Documents of Elizabeth and James I*, Oxford, 1894, p. 178.

[2] 4 Inst., p. 36.

[3] Art. LXIII. Stubbs, p. 306.

[4] Art. XI. Stubbs, p. 527.

fundamentais mais importantes, existir um limite que o Estado não deve ultrapassar.

Nessas propostas, que certamente são insignificantes sob o ponto de vista formal do direito, reflete-se a antiga concepção jurídica dos alemães, no sentido de que o Estado é necessariamente limitado em sua esfera de ação.

Essa concepção tem igualmente favorecido o movimento da Reforma.

Mas aqui intervém a noção de outro limite à esfera de ação do Estado: é o produto direto da evolução histórica. O Estado, ao menos na Idade Média, não foi somente limitado pelo poder dos seus associados. Em verdade, sua esfera de ação foi mais limitada por aquela da Igreja. A questão do alcance do direito do Estado, em matéria de religião, não poderia ser levantada, em toda a sua amplitude, senão desde a Reforma, pois foi somente aqui que se tornou novamente litigiosa a linha de demarcação fixada na Idade Média entre a Igreja e o Estado. A demarcação moderna de suas respectivas esferas de ação foi, então, a consequência necessária da evolução histórica, do mesmo modo que a abolição da ingerência do Estado em matéria de religião.

Nós vimos, assim, que a ideia da preeminência do indivíduo sobre o Estado se apoia sobre toda a história da Inglaterra e sobre sua situação social no século XVII. As doutrinas do direito natural não têm feito senão dar continuidade às antigas concepções jurídicas que sempre têm existido e dirigi-las por novas vias.

Pode-se dizer a mesma coisa das teorias nascidas sobre o continente. A escola histórica habituou-nos a dizer que as doutrinas do direito natural são devaneios sem fun-

Os direitos do homem e a concepção germânica do direito **103**

damento. Mas, falando assim, esquece-se de que não há teorias tão abstratas como elas parecem ser, que possam exercer uma influência qualquer sobre sua época sem se apoiar sobre uma base de realidade histórica.

Para alcançar de uma maneira exata a relação jurídica do Estado com o indivíduo, é muito importante bem compreender essa base. Ela se apresenta sob dois aspectos, que podem ser efetivados em todas as suas consequências lógicas.

Sob o seu primeiro aspecto, todos os direitos do indivíduo não resultam senão de uma concessão ou de uma autorização do Estado. Sob o segundo, o Estado não só não criou os direitos individuais, mas deixou ao indivíduo toda medida de liberdade compatível com o interesse geral. Essa liberdade não é criada pelo Estado, é somente reconhecida e constatada por ele.

A primeira concepção baseia-se sobre a ideia de onipotência do Estado. Ela foi exposta de uma forma absolutamente surpreendente nas teorias absolutistas dos séculos XVI e XVII. As consequências extremas dessas teorias foram parodiadas, de certa maneira, pelo poeta naquela questão de direito formulada em termos humorísticos: "há muitos anos sirvo-me do meu nariz para sentir. Mas eu tenho direito de servir-me do meu nariz".

A segunda teoria, ao contrário, que é a concepção jurídica dos alemães, obedece ao desenvolvimento gradual do poder público. Se o direito natural não é um direito histórico, deveríamos dizer que, para o Estado moderno, a primeira teoria é uma teoria de direito natural, e que a segunda é uma teoria de direito histórico. Por maiores que tenham

104 A DECLARAÇÃO DOS DIREITOS DO HOMEM E DO CIDADÃO • JELLINEK

sido as mudanças sobrevindas no curso do tempo, na delimitação dessa esfera de liberdade reconhecida pelo Estado, a noção de que o direito do Estado tinha dos limites foi profundamente gravada na consciência dos povos alemães, mesmo no momento do absolutismo.[5]

O Estado, então, não criou essa liberdade, mas a reconheceu, limitando-se a si próprio e definindo os intervalos que deixa livres, que devem necessariamente existir entre as tramas das diversas normas com as quais cerca o indivíduo. O espaço que resta assim livre é, sem dúvida, bem menos um direito que um estado de fato. O grande erro do direito natural foi considerar esse estado de liberdade como um direito, e de reconhecer nesse direito um poder superior, que teria criado o Estado e, com isso, limitado o seu poder.[6]

A questão de saber se uma ação do indivíduo é diretamente autorizada ou não é, senão indiretamente, reconhecida pelo Estado, sem dúvida, não parece ter hoje em dia uma grande importância prática. Mas o objetivo da ciência

---

[5] A teoria de que a liberdade individual não é senão uma concessão do Estado foi ultimamente sustentada por Tezner, no *Grünhut's Zeitschrift für Privat und öffentliches Recht*, XXI, p. 136 e ss. Esse autor quer relegar a teoria adversa ao direito natural. A solução desse tipo de questões de princípio não pode ser obtida senão pelo exame atento dos fatos históricos. Esse exame nos dará, conforme as épocas, respostas diferentes. Assim, por exemplo, a natureza jurídica da liberdade apresentará uma característica totalmente diferente no Estado antigo e no Estado moderno. A dialética jurídica pode deduzir uma dada proposição, com o mesmo rigor lógico, de princípios totalmente opostos. Não é na jurisprudência formal que se deve procurar qual é o verdadeiro princípio, mas, sim, na história.

[6] Ver, sobre o assunto, com mais detalhes, Jellinek. *System der subjektiven öffentlichen Rechte*. Freiburg, i. B. 1892, p. 43, 89 e ss.

do direito não consiste somente em formar juízes e funcionários, em ensiná-los como devem resolver os casos difíceis. Sua tarefa suprema é a de delimitar, de alguma maneira, as esferas de ação do "meu" e da coletividade.

Esse é o maior problema que a especulação humana tem a resolver. E ela não pode fazê-lo senão pela observância atenta da sociedade.

FIM

ANEXO
DECLARAÇÃO DOS DIREITOS DO HOMEM E DO CIDADÃO DE 1789

Os representantes do povo francês, reunidos em Assembleia Nacional, considerando que a ignorância, o esquecimento ou o desprezo dos direitos do homem são as únicas causas dos males públicos e da corrupção dos governos, resolveram expor, em uma declaração solene, os direitos naturais, inalienáveis e sagrados do homem; a fim de que essa declaração, constantemente presente junto a todos os membros do corpo social, lembre-lhes permanentemente de seus direitos e deveres; a fim de que os atos do poder legislativo e do poder executivo, podendo ser, a todo instante, comparados ao objetivo de qualquer instituição política, sejam por isso mais respeitados; a fim de que as reivindicações dos cidadãos, doravante fundadas em princípios simples e incontestáveis, estejam sempre voltadas para a preservação da Constituição e para a felicidade geral. Em razão disso, a Assembleia Nacional reconhece e declara, na presença e sob a égide do Ser Supremo, os seguintes direitos do homem e do cidadão:

Art. I

Os homens nascem e são livres e iguais em direitos. As distinções sociais só podem ter como fundamento a utilidade comum.

Art. II

A finalidade de toda associação política é a preservação dos direitos naturais e imprescritíveis do homem. Esses direitos são a liberdade, a propriedade, a segurança e a resistência à opressão.

Art. III

O princípio de toda a soberania reside, essencialmente, na nação. Nenhuma operação, nenhum indivíduo pode exercer autoridade que dela não emane expressamente.

Art. IV

A liberdade consiste em poder fazer tudo o que não prejudique o próximo: assim, o exercício dos direitos naturais de cada homem não tem por limites senão aqueles que asseguram aos outros membros da sociedade o gozo dos mesmos direitos. Esses limites só podem ser determinados pela lei.

Art. V

A lei não proíbe senão as ações nocivas à sociedade. Tudo o que não é vedado pela lei não pode ser obstado e ninguém pode ser constrangido a fazer o que ela não ordene.

Art. VI

A lei é a expressão da vontade geral. Todos os cidadãos têm o direito de concorrer, pessoalmente ou por meio de mandatários, para a sua formação. Ela deve ser a mesma para todos, seja para proteger, seja para punir. Todos os cidadãos são iguais a seus olhos e igualmente admissíveis a todas as dignidades, lugares e empregos públicos, segundo a sua capacidade e sem outra distinção que não seja a das suas virtudes e dos seus talentos.

Art. VII

Ninguém pode ser acusado, preso ou detido senão nos casos determinados pela lei e de acordo com as formas por esta prescritas. Os que solicitam, expedem, executam ou mandam executar ordens arbitrárias devem ser punidos; mas qualquer cidadão convocado ou detido em virtude da lei deve obedecer imediatamente, caso contrário torna-se culpado de resistência.

Art. VIII

A lei só deve estabelecer penas estrita e evidentemente necessárias e ninguém pode ser punido senão por força de uma lei estabelecida e promulgada antes do delito e legalmente aplicada.

Art. IX

Todo acusado é considerado inocente até ser declarado culpado e, caso seja considerado indispensável prendê-lo, todo o rigor desnecessário à guarda da sua pessoa deverá ser severamente reprimido pela lei.

Art. X

Ninguém pode ser molestado por suas opiniões, incluindo opiniões religiosas, desde que sua manifestação não perturbe a ordem pública estabelecida pela lei.

Art. XI

A livre comunicação das ideias e das opiniões é um dos mais preciosos direitos do homem; todo cidadão pode, portanto, falar, escrever e imprimir livremente, respondendo, todavia, pelos abusos dessa liberdade nos termos previstos na lei.

Art. XII

A garantia dos direitos do homem e do cidadão necessita de uma força pública; essa força é, portanto, instituída para benefício de todos, e não para utilidade particular daqueles a quem é confiada.

Art. XIII

Para a manutenção da força pública e para as despesas de administração é indispensável uma contribuição comum que deve ser dividida entre os cidadãos de acordo com suas possibilidades.

Art. XIV

Todos os cidadãos têm direito de verificar, por si mesmos ou pelos seus representantes, a necessidade da contribuição pública, de consenti-la livremente, de observar o seu emprego e de lhe fixar a repartição, a coleta, a cobrança e a duração.

Art. XV

A sociedade tem o direito de pedir contas a todo agente público pela sua administração.

Art. XVI

A sociedade em que não esteja assegurada a garantia dos direitos nem estabelecida a separação dos poderes não tem Constituição.

Art. XVII

Como a propriedade é um direito inviolável e sagrado, ninguém dela pode ser privado, a não ser quando a necessidade pública legalmente comprovada o exigir e sob condição de justa e prévia indenização.

Formato	14 x 21 cm
Tipografia	Iowan 11/15
Papel	Offset Sun Paper 90 g/m² (miolo)
	Supremo 250 g/m² (capa)
Número de páginas	112
Impressão	Geográfica Editora